筆尖上的成長

名師帶你讀作文

卷一

上

李震 主編

二十一世紀的青春氣派*

陸志平

中學語文特級教師，國家語文課程標準研製組、修訂組核心成員，
江蘇省教育學會常務副會長、中學語文教學專業委員會理事長

匆匆翻讀《筆尖上的成長中國名校名師選評作文（江蘇省高中卷）》，非常興奮和驚訝。讀到的似乎不是幾篇文章，而是熱情澎湃、坦誠率真，是勇敢無畏、活力四射，是二十一世紀成長起來的新一代的青春氣派。

這新一代的筆尖激情洋溢，俯仰古今，指點江山；積極向上，有理想，有追求；視野開闊，有胸襟，有文化；更為可貴的是那種理性精神，勇於思考，敢於批判，負責任，有擔當。

這新一代的筆尖真實地寫出了他們成長的過程。高中是人成長的關鍵時期，他們告別了童年、少年的稚嫩，經過青春期的懵懂，邁著堅定的步伐走進了成人社會。儘管他們社會閱歷尚淺，對社會問題的觀察和分析難以精當和深刻，但是他們是社會的新生力量，敢想敢說敢於探索，生機蓬勃，前途無量。這正是時代所需要的青春氣派。

他們是新世紀開始上學的一代，是伴隨著國家基礎教育課程改革成長起來的高中畢業生。他們正是新課程所期待的新時代中學生形象的代

---

*編按：本文原收入《筆尖上的成長中國名校名師選評作文（江蘇省高中卷）》。

表，不再是以前的「五分加綿羊」，也不再是「寫作技巧加假話、空話、套話」。

這本《筆尖上的成長──中國名校名師選評作文（江蘇省高中卷）》又一次生動地證明：學習寫作，第一位的其實不是學技巧，而是學做人。從人的基本的素養開始，進而長大成人，形成正確的人生觀，正確的生活態度，不斷提升人生的境界。這就需要走進生活，走進社會；體驗生活，關心社會；參與社會生活，成為社會的一員。有歷練，有體驗，有發現，有積累，有真情實感，自然有話要說，有話可說。我相信，陳曦如果不是「在開闊有度的社會工作中歷練自己的身手與思想」，也不會有《車站》裡對人生那樣深刻的理解。我也很欣賞劉文君的那句話：「生活是美的源頭，情感是美的依託」。我相信，她如果沒有親身的經歷和體驗，沒有對鄉村生活的熱愛，沒有對農民的深厚情感，也絕對寫不出《依橋傍水好乘涼》那樣美妙的文字。

這本《筆尖上的成長──中國名校名師選評作文（江蘇省高中卷）》也告訴我們，學習寫作其實沒有什麼快捷方式，也沒有多少訣竅，多讀多寫而已。歐陽修早就說過這樣的話，「無他術，唯勤讀書而多為之，自工。」（見《東坡志林》）本書中的另一個作者呂安琪說：「喜愛閱讀，喜歡寫作，渴望靈魂可以在高處。」我相信這也是書中所有作者的寫照。喜愛閱讀和寫作，追求靈魂在高處，多讀書，多寫作，多體悟，多揣摩，多思考，多研究，多交流，何愁寫不出好文章！

非常感謝李震老師，把這些好文章彙集在一起，讓我們從新一代的筆尖，感受到二十一世紀青春的氣派。我希望讀這本書，不要去機械地

模仿某人某篇，也不要簡單地學習研究某篇某節的寫法，而要多想想這個燃燒著青春激情的群體是怎樣地成長，怎樣寫出屬於他們的青春氣派的文章。

Contents 目錄

CHAPTER 02

審題立意

CHAPTER 03

真情實感

CHAPTER 04

思想厚度

CHAPTER 05

時事評說

CHAPTER 06

睿思哲理

CHAPTER

07

論證結構

CHAPTER 08

想像聯想

CHAPTER 09

修改潤色

CHAPTER 10

細節描寫

CHAPTER
11
文化氣象

CHAPTER 12

青春詩頁

CHAPTER 01

文字感覺

塑其形 悟其神 煉其辭 立其魂
——強化寫作的文字感

南京市第十二中學 靳賀良

（江蘇省中學語文特級教師、教授級中學高級教師）

　　寫文章需要感覺，這種感覺不僅是指對所寫材料的感知，而更重要的是需要對文字的感覺。「文字者，所以為意與聲之跡也。」（清·陳澧《東塾讀書記》）文字是景物、人物、場面、情景等以一切鮮活畫面的載體，是作者思想情感個性得以充分外化的媒介。如同舞者要有舞感，歌者要有樂感，寫作務必有文字感。

　　文字感，這種對文字的直接感受（對字詞音形義及其適應物件、感情色彩、語體色彩等的直接領悟，對語句的整散、長短、變化等運用方面的主觀反映）是即時的，又是奇妙的、靈動的。無論是大作家的鴻篇巨制，還是小學生的課後練筆，所有的文章都只能是兩千多漢字的排列組合。這種種組合的優劣高下，大都取決於作者各自的文字感。文字感是有個性的，不同作者的文字素養和造詣，不同的境遇和發現，不同的感受和性情，就會有不同的文字感。「春風又綠江南岸」、「春來江水綠如藍」、「映階碧草自春色」三句同是寫春的詩句。然三位詩人的著眼點不同，他們分別選取了「風」、「水」、「草」這個字眼來表現春的特徵；更有趣的是，三句詩又同是狀寫綠色，而王詩直說「綠」、白詩喻為「藍」、杜詩換作「碧」。可謂平中見奇，各顯其妙、春風染綠、抹綠、或畫綠了大江南，這裡，「綠」為動詞，王詩以之描摹江南早春的山川

草木最為直觀，最為新鮮；白詩以「藍」比喻江水，寫出了江水的深綠純淨清澈；「碧」，青綠色，常指青綠色的玉石，杜詩以「碧」寫階上之草，給人以清新純潔溫潤之感。若將三字互換，則不妥。可見三位文學巨匠文字功力之非凡。

文字感與寫作相伴相行，是寫作中不可或缺的助推器和催化劑。試想，寫作時大量詞句在腦海中如潮水般的湧動，如浪花般跳躍，如珍珠般串接，這是何等恢弘的氣場？這是何等美妙的感受！一個個鮮活的字符，一句句優美的語句，組接幻化著或自然、或社會、或人生的幅幅生活圖景，承載著作者的喜怒哀樂和深沉思考，怎能不激發作者一吐為快的寫作衝動？怎能不營造出曲徑通幽的審美佳境？怎能不喚起神來之筆的寫作性靈？

一、在閱讀中塑其形、悟其神文字感的強與弱、敏與鈍，取決於作者對漢語言文字的佔有量和理解力，取決於作者捕捉相關詞句對接自然現象與社會生活諸多畫面的靈敏度與準確度；取決於作者玩味、取捨、選擇文字的功力，取決於作者認識事物明辨是非的審美情懷和思維品質。所有這些「能量」，首先必須在閱讀中獲取、涵養和提升。

文字是有形體、有表情、有神韻的。我們要通過讀書識字、品詞析句，積累大量的文字材料，使之豐富厚重且能融會貫通；通過聯繫想像，在腦海中重塑人物、景物、事件的原型，進而揣摩文字的精妙之處，領悟作者的情感意趣，探求作品的審美價值。正如劉勰所言「是以將閱文情，先標六觀：一觀位體，二觀置辭，三觀通變，四觀奇正，五觀事義，六觀宮商。」意思是說要獲取文章的精髓，須從六個方面著眼：一看文體安排，二看文辭佈置，三看承轉變化，四看表現手法，五看運用材料，六看文字聲律。此「六觀」，正是我們在閱讀中所必須遵循的。

敘事中有形有神。請看杜牧《阿房宮賦》的開篇：「六王畢，四海一，蜀山兀，阿房出。」四句共十二字，兩兩對仗，簡潔明快，字字千

鈞，節奏強烈。「六王畢，四海一」，區區六字，濃縮了秦國由小到大、由弱到強、蠶食六國、統一天下的大量史實。曾被蘇洵、賈誼用來寫成著名史論《六國論》《過秦論》的這段歷史，在杜牧筆下，僅用六個字就概括了。「畢」、「一」兩字，勢如破竹，既顯示了秦王的功績，又交代了阿房宮建造的背景。「蜀山兀，阿房出」六字，極力渲染了阿房宮的耗資之巨、建築之苦。此「兀」彼「出」，映襯對照，呈現在我們面前的是這樣兩幅畫面：興師動眾，蜀山林木一掃而光；勞民傷財，阿房宮殿拔地而起。

　　寫人物有形有神。請看魯迅《藥》裡的人物描寫片段：「一個渾身黑色的人，站在老栓面前，眼光正像兩把刀，刺得老栓縮小了一半。那人一隻大手向他攤著；一隻手卻搓著一個鮮紅的饅頭，那紅的還是一點一點地往下滴。」貪婪、兇殘、殺人魔鬼康大叔的形象躍然紙上。用「攤」而不用「伸」，此乃聚焦於手形。「攤」，手心向上，五指伸展乍開，這是康大叔極其貪婪急於索取的特定手勢；而「伸」，僅表示胳膊與手臂向一定方向延伸。一個「攤」字，直逼康大叔的靈魂深處。「搓」字，更是被魯迅先生用得活靈活現。「搓」，指用手指不停地反復揉捏。面對鮮血「還是一點一點地往下滴」的人血饅頭，不要說是拿，就是看，也會讓人不寒而慄，而康大叔卻得意地、熟練地、習慣性地、職業感地卻又是下意識地用手指不停地揉捏著，把玩著，足見其殺人不眨眼的劊子手本性。若用「握」、「拿」、「捏」、「攥」、「持」等詞取代「搓」，顯然缺了神韻。

　　寫景處有形有神。「一年四季都得細心觀察這些色彩。春天，丁香怒放，像天上飄下一朵朵淡紫色的雲霞；夏天，樹木欣欣向榮，青翠欲滴；秋天，遍野金黃，霧繚煙繞；冬天，大雪覆蓋，粉妝玉琢，清新素雅，在這潔白的背景上，修剪了枝條的柳樹像姐妹般排列成行，正待明年春風得意，翩翩起舞。」(波蘭‧伊瓦什凱維奇《蕭邦故園》)從文字

表面上看，描寫的是蕭邦故園一年四季景色在形、聲、色方面的美妙變化，可謂惟妙惟肖，美不勝收；而其神韻卻在暗示景與人、景與音樂的關係：正是這樸素、淡雅、深沉的自然美景，孕育了蕭邦悠遠深沉的音樂。再看一處寫景句：「亭有枇杷樹，吾妻死之年所手植也，今已亭亭如蓋也。」此句貌似寫院中的一棵枇杷樹，實則睹物思人，痛悼亡妻。這一富有詩意的特寫鏡頭，意味雋永，如同蘇軾的「小軒窗，正梳妝」六字一樣，寄託了作者對亡妻久遠的緬懷和眷戀。

課本是習作的範本，是文字感漸次提升的平臺，是語文能力之苗成長為參天大樹的沃土。選入課本的文章大都源自古今中外的經典之作。特別是那些名家名篇，無一不包含著博大精深的思想內涵，無一不呈現出搖曳多姿的藝術風采。「荷塘」、「地壇」、「三峽」、「赤壁」、「瓦爾登湖」、「江南的冬景」、塞北的「落日」、勞倫斯筆下的「鳥啼」、余光中心中的「冷雨」⋯⋯這些源於自然傾注作者心血的藝術品，或崇高而雄渾，或優雅而柔和，讓我們在諦聽天籟中感受大自然的亙古美麗，體味人與自然的深奧哲理。那些流芳千載的古詩名篇，開拓出詠史懷古、思鄉送別、寫景抒懷、狀物言志等廣闊的題材領域，鍛造出或豪放雄奇，或婉約典雅，或清新自然，或質樸平淡的詩風，以「驚風雨，泣鬼神」的文字功力綻放著永不凋謝的華夏民族的藝術奇葩。那些上自先秦下至明清，涉及史傳類、雜記類、論述類等文言經典選篇，透射出先哲的思索，展示著人世的繁紛，重播著歷史的滄桑。我們沒有任何理由漠視課文，疏遠課文。敬畏藝術，熱愛美文，與文字結情，在讀中塑形悟神，是美讀的第一要義。

二、在習作中煉其辭立其魂

文字是有韌性，有剛性，有靈魂，有生命的。推敲文辭言辭，錘煉

一字一句，使其精當脫俗，一字千金；注入真情實感，使其靈動鮮活，呼之欲出，神韻盎然，是強烈的文字感形成的必由之徑。「凡操千曲而後曉聲，觀千劍而後識器」(劉勰語)，文章是一字一字寫出來的，文字感是在不斷的寫作中練得習得的。

同學們在習作中應以咬文嚼字的毅力鍛造文字的張力。漢語言文字的內涵是博大精深的。幾乎每個字詞，都可寄寓不同人的不同心境。比如「眾人皆醉，唯我獨醒」，「獨在異鄉為異客」，「百年多病獨登臺」，「無言獨上西樓」，「獨坐幽篁裡，彈琴復長嘯」，「獨釣寒江雪」，「凌寒獨自開」，「念天地之悠悠，獨愴然而涕下」……借「獨」，詩人或狀寫境遇，或宣示抱負，或傾吐辛酸，或彰顯氣節，或自強自勉，或影射世態炎涼，或呼喚世人警醒。你看，何其豐富多彩！古人在煉字上可謂嘔心瀝血，「語不驚人死不休」。像「紅杏枝頭春意鬧」、「雲破月來花弄影」、「暗香浮動月黃昏」、「石破天驚逗秋雨」等佳句，無不浸透著作者的甘苦。

字隨人意，字跟人走。因而在作文時，應根據自己寫景、狀物、記人、敘事、抒情、言理的需求，審慎選用詞句，把握文字的生命質感，以求準確鮮明生動，富有感染力，富有震懾力，富有穿透力。這就是我們常說的「有文采」。文采從哪裡來？從生動的用語來，從靈活的句式來，從漂亮的修辭來。

在選用詞語時，我們應選擇那些具體的、形象的、鮮明的、內涵豐富的、能調動人的感官體驗的詞語，而少用那些抽象概括的、不痛不癢的詞語。句子有長句有短句，有散句有整句；語氣有陳述、疑問、祈使、感歎；構成有常式，有變式。不同的句式有不同的表達效果。平時要瞭解各種句式的不同功用，多做變換句式、壓縮詞段、擴展語句等練習。要善於運用修辭手法，比如排比句用於議論文的舉例，可以通古今、貫中外、大容量、快節奏，讓人領略事實勝於雄辯的磅　之氣，讓

人感受到作者廣博的見聞和知識；排比句用於說理，能步步緊逼、環環相扣、層層推進、一瀉千里，讓人感受到鞭辟入裡的邏輯力量，讓人領略到不可遏止的陽剛之氣。

文章要有靈魂而非一具軀殼。要使文章有魂，必給文句立魂。歐陽修說得好：「詩家雖率意，而造語亦難。若意新語工，得前人所未道者，斯為善也。必能狀難寫之景，如在目前；含不盡之意，見於言外，然後為至矣。」（《六一詩話》）文句凝練、含蓄，有豐富的內涵，有言外之意，弦外之音，可營造深邃的意境，能富含深刻的哲理，這就叫做「有魂」。王維的「大漠孤煙直，長河落日圓」；蘇軾的「人有悲歡離合，月有陰晴圓缺」；魯迅的「地上本沒有路，走的人多了也便成了路」等古今名句，無不具有品之不盡的意蘊，無不具有經久不衰的旺盛生命力。當然，一篇文章中不可能句句有意蘊，但在其關鍵處，要用一句或幾句名言般的句子來點明要義，使之「境界全出」。這就要求我們借助高度概括的語言功力，或者更高層次的形象「定格」。通過平常中見超常，或具體中求抽象，或對立中含統一，或模擬中顯規律等技巧，寫出深邃雋永或形象直觀卻能發人深省的警語來。

讓我們欣賞一位同學參賽作文的片段：「我明白你們在唯 GDP、收視率的社會裡的驚慌。但驚慌，並不需要偷來別人的美麗。這種美麗，是煙花轉瞬即逝的熱鬧。熱鬧散去，剩下的只有裸露的荒原。而真正的美是獨特的，是涉江去採的那一朵婷婷的芙蕖花。……並非想要你們把綜藝節目做得深刻嚴肅，只是希望，不要只隔幾天就連主持人的長相都不記得。只是願你們誠摯，願你們思考，願你們從喧囂中轉身，去開拓，去探索，去尊重所有的觀眾，而不是胡亂地抄襲，去交一份無意義的答卷。暮靄沉沉楚天闊，浩茫廣宇之下，願你們找到自己的那片原野，去種下自己的種子。願來年春天，路旁有花，天上有星。」（二〇一三全國創新作文大賽江蘇賽區高中組特等獎作品《給江蘇衛視的一封

信》）為了宣導創新這一理念，建議江蘇衛視不要模仿抄襲他人的節目，作者語重心長地揭示了社會背景，指出了不能「找到自己」的危害，描繪了「去開拓，去探索」的途徑和前景。文章摒棄了板著面孔的空洞說教，運用比喻、排比、引用等修辭手法，用詞準確生動，且句式靈活多變，因而有較強的感染力。

平衡

李冰潔

江蘇省新海高級中學二〇一一屆
具備良好的寫作習慣和崇高的文學信仰，愛好詩詞、古琴。
現就讀於復旦大學中文系。

小窗秋月，風觸鳴琴，如斯逸人之境，須得有蘭草一盆置於案頭，才不負君子情操。

閒時在家，也有靜室詩書娛己，而唯獨沒有蘭。並非不愛，而是市賣的蘭多已失掉了蘭草真趣，繁花麗瓣空自爭妍，惟是俗物。

蘭的真趣在於不平衡。

細葉矜然，四面長開，疏朗的幾縷側線便勾勒出蘭的持重君子態。然而莊重已足，靈氣尚欠，要待到花朵綻放，玲瓏數朵，或斜斜一線長開，或凌然高於葉上，或溫婉襯於葉下，那一番清麗風姿，才算是為蘭的風韻重重畫上了點睛一筆。正在那斜開橫逸的數朵中，破了先前的過分平衡莊重，整株蘭草才頓然跳脫起來。

遐想蘭，我常感歎「平衡」是多麼完美而又無趣的事。

平衡，這樣一種恆定的穩態似乎是從古至今令國人最為嚮往的狀態。政治家所求的長治久安，天下大同，乃是政局的平衡；百姓所祈的風調雨順，無澇無旱，乃是天時的平衡；詩人所追求的平仄互對，工穩合律，乃是藝術的平衡。然而完美卻時而發現，正是在我們這樣一個追求四平八穩的國度裡，經常地出現刺激般的不調和，有趣的是，這不調和之處，往往反而是歷史的美點，受萬世感懷，贏百代仰慕。

比如，亂世是破了治世的平衡，然而亂世之中，噴薄而出的人的朝氣是可以冠絕歷史的。也許很少有人記得大漢數百年國祚中眾多帝王的名諱，然而曹操、孫權這些名字，卻已為大多數人耳熟能詳。回想兩漢，除了初期漢高祖斬蛇起義的豁然明亮，後近三百年的時光，都在一種灰暗的平衡狀態下演進著，何其無聊，何其無趣！而寧是這一番群雄蜂起，才顯豁了千里河山。

原來平衡可以是人世追求的境，然而人世的美和壯闊是要在平衡的不斷打破與復原中顯現出來的。藝術上永遠不曾有完美的東西，是要將完美打破一個小口，才出得來藝術品。

對平衡，對絕對完美的追求，不必一定要求得一個結果。它的意義，實則落在追求的過程中。絕對的平衡，一旦握在手裡，倒反而變成了無趣。正如我不願對著市賣的花朵豎列、葉片橫垂的規矩蘭花。

劉勰《文心雕龍》裡說：「然則志足而言文，情信而辭巧，乃含章之玉牒，秉文之金科矣。」劉勰在這裡所說的「言文」和「辭巧」，就是指語言要有文采，表達要有技巧。作者對文字要有敏感性，要用生動貼切的文字表達思想和情感。李冰潔同學的文章對語言的質地有著準確地把握，描寫日常生活中的蘭花，用疏朗的幾筆就勾勒出了蘭花的「君子之態」，新穎獨特。她驅遣文字，由此及彼，由淺入深，由實而虛，用文字勾畫境界，表達見解，使得文章以質取勝。

該濃墨重彩時，作者不惜筆墨；該自然凝練時，作者絕不拖泥帶水，不論是樸素還是華麗，都附屬於本文深刻崇高的思想之上，如花的語言芬芳了整篇文章，真正達到錦上添花的效果。

李濤

讓心到達

王書言

江蘇省新海高級中學二〇一一屆

文字是心靈的軌跡，靈魂的述說。現就讀於清華大學。

晨曦中，經過建設中的樓宇，看到你立於頂上，晨光映出你黝黑而剛毅的輪廓，你的目光，一直伸向遠方的遠方。你在望什麼？

故鄉嗎？

幾年離家，在這異地他鄉的建築工地上為了家庭生計忙碌著，你一定是思念故鄉了吧。你望極天涯，視線穿過幢幢高廈，卻望不到那個溫馨的所在——你的故鄉更在那天邊的青山之外吧。

但曉風輕拂，撥動陽光絲絲的琴弦，那柔和的樂音一定早已攜著你的心回到你的故鄉，你魂牽夢縈的那片土地。

你的心來到村口的石子路頭，村口的那棵樹一定又長粗長壯了。樹下的那些小野花，今年春天說不定開得更豔了，女兒肯定很高興，編了花環戴呢！

你微微地笑，嘴角上揚的弧度好似一抹春光。這時，你的心也許到了村中小河邊，妻子就在那裡洗衣服。潺潺的流水撫過洗衣的青石，也撫去你的心一路的風塵。多少的時光就這樣如水般靜靜流淌。妻子抬起頭，也望向遠遠的你的方向，她的心也到達這片鋼筋水泥的森林，找尋你熟悉的氣息。

你又看到兒子陪著你年邁的父親在家門口談天說地。這小子，一年沒見又躥高了不少，他應該更懂事了吧……

你的心像小鳥一樣，飛過這一片鋼鐵森林、燈紅酒綠，到達你的眼睛眺望不到的遠方，你的家，你的故鄉。

在那些皓月高懸的夜晚，你是否曾買上一瓶酒，與同鄉的工友席地而坐，也似個酒中仙舉杯邀月？你喝著，烈烈的酒氣中，你醉了，這座城市的萬家燈火在你迷離的眼中暈開成一個個小月亮，串聯起一條通往故鄉的路，連接起鄉愁的此端和彼岸。於是你的心又飛翔起來了。你憨憨地笑著，眼眸中流淌出幾分醉意，幾分柔情。你對工友說，咱幹到年底拿了工錢，兒子的學費就有著落了。嘿，這小子也爭氣，年年拿三好學生的獎狀哩！⋯⋯然後你又沉默了，只留下你的心徘徊在月色中那棵樹，那條河，那個溫暖的家周圍，久久不願離去。

如今，中秋將至，你必定是要在這座城市度過了。但你並不孤獨。那輪明月灑下銀白的光輝，早已將你和故鄉緊緊相連。故鄉與你共望一輪月，它就溶在皎潔的月光中，讓心飛向這輪月，其中就是故鄉。

皓月初升心已至，但願人長久，千里共嬋娟。

「讓心到達」這個題目較為抽象，但作者很巧妙地賦予抽象的題目具體的內涵——「心」是在外務工的打工子弟的心，到達的地方則是遠方的家鄉。

作者用有著內心體驗的文字描寫建築工人清晨站在城市的高樓之上眺望遠方的場景，引出了文章主題。「你在望什麼？故鄉嗎？」這短短八個字，道出了建築工人們對家鄉無盡的思念，意味深長。

「曉風」、「陽光」和「月光」帶著遊子的心飛回了故鄉。村口的路、樹、花，那些熟悉的故鄉的景物早已深埋遊子心中。其

實最思念的仍然是故鄉的人。作者巧妙的由景及人，通過寫樹下的花，聯想到愛花的女兒，通過寫村中小河，聯想到心心念念的妻子。

最動人的場景便是工友們月下把酒。中秋將至，內心對家鄉的思念只能借酒排遣，酒後微醺，卻更加抑制不住思念之情。「咱幹到年底拿了工錢，兒子的學費就有著落了。」最最樸素的話語卻成功地勾勒出一個個高大的父親的形象。文章以小見大，「你」不是某一個特定的人，而是代表了千千萬萬在外務工卻心繫家鄉的人們。

文章最令人欣賞的是語言。作者寓情於景，將描寫和敘事相結合，語言樸素之中飽含深情，顯示出深厚的文字功力。能使讀者動容，便是作者最大的成功。

趙舒顏

不一樣的眼光

顧欣梅

江蘇省東台中學二〇一一屆
文字是心靈的淨土，每一次寫作都是化蝶的蛻變。
我喜歡文字在指尖流淌的寧謐溫柔；我喜歡在唐詩宋詞中尋找時光斑駁的痕跡。
現就讀於四川大學。

眼光，是人們鑑別人事的能力，是人們對待生活的態度，是人們內心世界的外在表現。當所有人都以同樣的眼光對待一個人或一件事時，一道不一樣的眼光意味著什麼？

呂雉的父親有著不一樣的眼光。依所有人的眼光來看，劉邦就是一個市井無賴，街井小民。這樣的人，自己躲都來不及，哪裡還會主動去接近？呂父的眼光卻不一樣，他一眼看出此子日後必成大器，主動將女兒許配給了劉邦。他這與他人不一樣的眼光，帶來的是呂家日後的富貴榮華。

所以，看到世俗意義上的沒出息、沒前途的人，不要用與大家相同的眼光去看他，不一樣的眼光也許會讓你看到他背後的努力、拼搏與夢想，也許他就是另一個從落魄走向輝煌的劉邦。

馬雲有著不一樣的眼光。面對大名鼎鼎的日本富豪孫正義時，他的眼光並非和其它人一樣的諂媚與討好。當被要求談談自己的阿里巴巴時，馬雲只是平和地分析了公司的贏利與虧損狀況。預定一個小時的談話，只用了六分鐘就結束了。正是他的眼光打動了對方。孫正義說：「馬雲的眼光裡充滿著熱情。」那是對夢想的熱情，並非和其它商人一樣是對金錢的熱情、對權貴的熱情。

所以，面對金錢與權貴，請以與世俗不一樣的眼光去看待。能

帶給你成功的，絕不是充斥著功利與麻木的眼光，而是閃耀著自信與熱情的眼光。

珍妮有著不一樣的眼光。當卡內基還只是一個不名一文的窮小子時，她便看出了他的才能。卡內基為了生計，去街上兜售行李箱，眾人的眼光裡都只是不屑。生活的打擊並不算什麼，那些冷漠的眼光更能摧毀人的信念。是珍妮用不一樣的眼光看待他，她知道他的優秀，眼光中只有愛與鼓勵。正是因著這不一樣的眼光，卡內基才一步步走向事業的頂峰。

所以，請用飽含關愛與溫暖的眼光去注視他人，許多時候，這不一樣的眼光會為那些飽受歧視與看輕的人們帶來一生的希望。

是的，很多時候，不一樣的眼光會帶來不一樣的結果，世俗的人們往往被表像矇了眼，眛了心。擦亮眼，洗淨心，用不一樣的眼光去對待每個人，也許就是在不經意間，你會創造許多美麗與驚奇！

這是一篇以不一樣的眼光審視人生的議論文。文章不僅觀點鮮明，論證充分，論據典型有力，而且在文字運用上有力度，有厚度。「不一樣的眼光」本身就是基於對事實的提煉和評判，顯得準確而又有透視力。寫馬雲，用了孫正義的評價「馬雲的眼光裡充滿著熱情」，抓住「熱情。」再用「並非」二字轉向對比，轉向對人生境界的肯定。這就是靠對文字的把握。

語言乾淨俐落，讀來有如氣貫長虹。開頭的對「眼光」的解讀，中間的三個「所以」的層層推進，結尾的收束，都非常有力。

王兆平 胥照方

感受「小高考」

吳安妮

江蘇省興化中學二〇一一屆
觀察與思考是負責任的生活，寫作是生活的責任。
現就讀於中山大學。

　　古人打仗都要整飭列陣，刀箭試鋒，很有氣勢。如今我們生活在和平年代裡，似乎與這種真刀實槍的打仗並不沾邊兒，但另一種形式的打仗——考試卻往往壓得我們喘不過氣來。考試在中學生的世界裡可謂是一種氣勢不亞於打仗的比拼了，只是用的不是刀箭，擺的不是軍陣罷了。

　　新課程改革讓原本一次性的高考衍變為了一「小」一「大」兩場高考。站在素未謀面、滿身散發著神秘之氣的「小高考」的面前，我心茫然。煙花三月，柳綠花香，雖是陽光和煦，晴空萬里，但空氣裡還是彌散著「火藥」味兒。下午，到學校看考場，懷中蹦騰著莫名的忐忑。遠遠看去，校門前擠了一大堆人，儼然一幅肅穆的朝聖場景。匆忙加入這支特殊的大軍，期待著看考場的時間快快到來。門終於開了，考生憑准考證挨個進入。隨著人流機械行進，我好像有生以來第一次體驗到了無助的滋味。仔細看看周圍，一張張陌生的面孔，一雙雙急切的眼睛。想想明天將有四十九萬多人和我做同一件事情——考試，心裡著實摸不著邊際，渾身的不自在。終於找到了四十八號考場，認真地核了又核，確信無誤後，方鬆下一口氣來。時間還早，便在校園裡遛躂。校園裡今天人真多，都是來看考場的，三五成群，表情各異。隨著人流漫無目的地一通閒走，

忽然感到平時熟悉的校園，竟是這樣的陌生，彷彿自己以前從來沒有來過這裡一般。面對攢動的人頭，一種矮了半截的感受悄然在心中升起，第一次，我在自己生活學習的園地中迷失了方向。

十點的鐘聲敲響，還有十分鐘就要進入考場，心裡難免緊張。看著別人都是一副坦然的表情，我也慢慢把心鬆弛下來。走進考場，老師分發試卷，我們準備答題，一切似乎都和往常的月考一樣，但又總覺得不是那麼一回事。塗卡時，老師說過的某同學塗錯卡得零分的事總會鬼使神差地鑽出來，於是我總要檢查了又檢查。考場如戰場，它雖沒有炮火，沒有硝煙，但卻有著如微風過林、似春蠶吃食般的沙沙聲。這聲響也許沒有小說高潮部分那樣的精彩，但卻更能扣人心弦；也許沒有錢塘大潮那樣的壯觀，但卻更能攝人心魄。地球在那一刻似乎停止了轉動，連空氣都像凝固了一般，然而我們的心中卻像充滿了火花，不斷地向外迸射出四方的漢字。法國大數學家帕斯卡說過，人是有思想的葦草。那一刻，我們每個考生都在用思想抒寫著各自的未來。

考後有一種如釋重負的坦然。可靜心想想，卻怎麼也弄不清自己到底是如何考過來的。只有終局鈴聲響起的那一刻，像陽光一般在心中燦爛，還有那一張張浮現於考場大門外的臉有如三月的花瓣一樣粉嫩粉嫩。

陽曆四月，我們感受了「小高考」，而「大高考」卻又在前面向我們發出了聲聲呼喚。

「小高考」是江蘇新課程改革過程中的新生事物，因為前無先例，故而對師生們的心理產生了不小的衝擊。本文以一個當事人——學生的眼光，解讀了這場特殊的考試。

小作者扣住「感受」二字，細緻地描寫了自己在特定情境下的

心理狀態。考前的緊張、無助與迷茫，考間的沉著、警醒與投入及至考後的輕鬆釋然，無不透過生動的描寫文字鮮活地呈現於讀者面前，給人以身臨其境之感。文中不僅流利著精彩的細節描寫之筆，如看考場時的「朝聖」場景、看考場考生的面容眼神、考場上的「沙沙」聲響、出場考生的面部表情等，還點綴著諸如「煙花三月，柳綠花香，雖是陽光和煦，晴空萬里，但空氣裡還是彌散著『火藥』味兒」之類的巧妙的環境氣氛渲染之筆，從中顯示出作者厚實的文字功底。

沈玉榮

毛茵，為春天鼓掌

劉岳

江蘇省海州高級中學二〇一三屆
我愛五彩繽紛的生活，愛交朋友、愛運動、愛音樂、愛讀書……在我眼中，
文學是世界上最美麗的事物，讓我領悟到做人就應該誠實而高尚。
現考入西北農林科技大學。

「毛毛茵，河邊長；青外衣，甜入心……」這是我孩提時爺爺教的幾句童謠，說的是一個長於春天，一直為春天默默鼓掌的美生靈——毛茵。

毛茵於我，絕對是童年最甜蜜的回憶。毛茵貌似青草，筆直地立著，不似一般青草平軟地伸展。你只有蹲下身來，才能發現那種平凡中蘊含的不同。剝開其尖而略硬的青草外衣，便是白色的毛穗狀芽芯了。輕輕地將芽芯抽出放入口中，先是一陣清涼，輕輕咀嚼，那　得快要化了的毛茵便會流出一股沁入心脾的甜味與難以言狀的幸福感。

毛茵給予我的是一種記憶，更是一種對平凡的喜愛與尊敬。它選擇了於萬紫千紅時生，甘同野草遍佈河堤、原野，只是為了裝點這綠色為主調的春天。其實，我所吃的毛茵芯是它的花芯，它隱於青草外衣下毫不爭妍的花。那花綻放之後便如裹了銀一般的毛穗狀花絮，春風一拂便可飄入天宇。很多人將這花誤當做楊花，可光憑楊柳如何能形成「漫天作雪飛」的美景？而是毛茵綻放於這時節，春風裡的毛茵花絮像白雪紛飛，又彷彿粉蝶狂舞。抬頭望著天空，那些薄如煙霞的「雪絨花」打著漩渦，親吻著人們的臉頰。春風吹動毛茵，飄飛出縷縷花絮，抖動的葉片不正像鼓掌的雙手嗎？沒有

毛茵，哪有這朦朧浪漫的春景。

可是，這樣美麗的毛茵卻不被人瞭解，它的花被誤認為楊花，平凡地隱於春天，頗具隱士風範。它是草卻能從春風中抽出真正甘甜的草芯沁入人心。這是一般的草不能比的，也是其它的花香難以相比的。

毛茵如此，人亦如此。平凡是大多數人的人生軌跡。但平凡絕非淺陋，絕非自甘平庸，更非不思進取。生命應像毛茵一樣為春天盡現自己的美麗，為春天鼓掌。這樣的平凡人在我們的身邊不是很多嗎？曾記得白芳禮老人，一輛三輪車、三十五萬元捐款、三百多名貧困學生……展現出來的是平凡與慈愛的一生；每當國家有需要，無數平凡人會組成志願者，他們出現在奧運，出現在世博，更出現在地震廢墟上。他們像毛茵一樣，都是平凡的奉獻者，成就了一種可以穿越平凡的偉大。

想到這，內心裡又回蕩起兒時的歌謠「毛毛茵，河邊長；花美美，不爭春……」真希望懂毛茵為春天默默鼓掌的美生靈的人會越來越多，因為懂毛茵的人一定更懂春天，而如毛茵般的人一定比春天更美麗。

文章所詠之物，並非需要偉大或奇特。毛茵如此平凡，但只要它見證了美好的光陰，承載著喜愛與尊敬，那麼它依舊值得敘寫。本文妙引歌謠，首先給人一種活潑、親切的感覺。作者將筆墨多置於毛茵的品質上，毛茵獨自綻放美麗卻因太普通被誤認為柳絮，彷彿許許多多平凡的人，以自己的行動展現平凡的偉大，卻不被人瞭解。

作者語言清麗而有朝氣，善用修辭，充滿情趣的比喻、擬人，使文章頓生光彩。此外，文章後半段可謂是點睛之筆，作者以

小見大，對小小毛茵的喜愛亦暗含著對平凡人的尊敬，昇華了主旨，再以歌謠收尾，更顯蘊藉。

郁紅劍

根

益夢佳

江蘇省南菁高級中學二〇一三屆
理科女的典型，認為最浪漫的事是做數學，自幼作文被稱為鄉巴佬作文，
然高中在老師指導下偶有兩篇佳作。現考入上海交通大學。

他們揮動著手中的犁鏵，揚起，落下。藏匿在雲端的神以及村莊的萬物發出屬於這個村莊的第一聲微笑。他們熱愛這犁鏵，熱愛這土地，這是他們的根。

「春種一粒粟，秋收萬顆子。」他們的血脈與土地緊密相連，一如他們的父輩。他們嘴角上揚，宣告著他們對春耕秋收的熱愛。

但有一天，村莊裡吹來了奇怪的風，他們連根拔起，如蒲公英一般飄去了很遠的城市。他們飛去了城市，根上卻牽著絲絲縷縷的線，任憑他們怎麼努力，他們也無法擺脫那線，那線理所當然地賦予了他們一個與城裡人不同的身份——農民工。

他們痛恨那線，因為那線，他們永遠無法融入城市，只能如失了根的浮萍一般在城市遊蕩。

他們飄浮在建築工地上，搖搖欲墜的腳手架怎麼踏都沒有黃土地來得結實。明晃晃的玻璃幕牆更灼傷了他們的眼，一那間，竟覺得天昏地暗，失了根，墜下無底的深淵。

他們飄浮在高級場所之外，那些燦爛輝煌的五星級飯店，那些音樂會劇場，他們低頭看著自己怎麼洗都洗不乾淨的工作服，臉上紅的窘迫，被黝黑的皮膚掩蓋。他們離開了土地，失去了原有的根，卻遲遲找不到新的土地，讓他們紮根。

他們僅有那潮濕幽暗的搖搖欲墜的出租屋繫不了根。他們慌張，錯亂。失去了根，再賴何以生存呢？

　　低頭的一瞬，他們看見了線，那在陽光下閃閃發光的線啊，那麼纖細卻又那麼繁密，昭示著他們的過去，他們與土地之間千絲萬縷無法割斷的聯繫。

　　低首，蹙眉，擰巴的眉頭一如線一般錯綜複雜。心裡有一種聲音，強烈地噴薄而出，告訴他們，回到原來的土地上去，那才是根。

　　他們笑了，感謝那線，讓他們想起那曾經的根。黯淡的目光中充盈了陽光。

　　又是一陣風般，他們回來了。再一次繫根在黃土地上，久違了的犁鏵，久違了的土地。再一次揮起犁鏵，他們對著陽光笑，臉頰因激動而微微發紅，清澈的眼眸子裡蘊含著無限希望。他們努力著，努力地把自己的根繫得更深，並決心再不離開這土地。

　　「他們揮動著手中的犁鏵，揚起，落下。藏匿在雲端的神以及村莊的萬物發出屬於這個村莊的第一聲微笑。他們熱愛這犁鏵，熱愛這土地，這是他們的根。」這樣的語言表述很另類。「藏匿在雲端的神」是什麼模樣？「村莊的萬物」包括什麼？「村莊的第一聲微笑」又該是怎樣的微笑？這些問題，是第一段文字留給我們的思考或者說是疑惑。

　　其實全文很簡單，就是農民工不適應城市的生活，農村才是他們的根。

　　本文的可貴就在於用有張力的語言，把這個普遍的社會現象表達出來，並帶給閱讀者以震撼。從而，我們知道了久違的「犁鏵」、「土地」，也理解了「微笑」背後的「希望」和「努力」。

　　　　　　　　　　　　　　　　　　　　　　　　劉豔萍

生活不在別處

梁馨月

江蘇省灌南高級中學二〇一一屆
燦爛的笑容整天洋溢在臉上，小虎牙更平添了幾分靈氣。喜歡簡單，
有時要點小性子。曾獲江蘇省第七屆「中學生與社會」作文大賽一等獎。
現就讀於南京理工大學。

　　窗臺上的水仙，凋殘了，只留下幾根枯黃的枝葉。我仍舊留著它，因為捨不得。

　　我從小就愛水仙，大概是受祖父祖母的影響吧。冬天，院前總有販賣水仙的吆喝。祖母每每讓我把小販叫來，挑幾株中意的。這水仙有兩種，一是產自溫台一帶，一是從福建運來。前者單瓣，莖葉細長，後者根莖苗壯，花開得茂盛。祖母是一定要選那福建產的，祖母說那淡淡的香氣摻雜在暖暖的爐氣中，心裡有一股清爽的感覺。

　　找來花盆和雨花石，祖母栽上水仙，綠綠的葉子掩映在水中，格外漂亮。祖母說水仙是可以明目的。小時候的我，總愛賴在祖父的桌前，注視著這鮮嫩的葉子，或閉上眼，貪婪地吮嗅那淡淡的味道。

　　祖母是個沒文化的人，只是一心一意地侍候著祖父和這個家。記憶中的祖母很溫柔，總會輕輕地喚我吃飯，讓我躲在她的懷裡撒嬌。祖母總愛侍弄水仙，用布擦拭那沾滿塵土的葉片。祖母說祖父的眼不好，需要綠色。祖母有時也會一個人靜靜地坐著，看著水仙出神，臉上漾起幸福的笑容，像秋風中盛綻的菊，很溫馨。祖母那時是怎樣的一種情感呢？是想起年少時青蔥的歲月，還是憶起初為

人婦時的甜蜜呢？我無從知曉。那一瞬，祖母似乎融進了水仙的世界，散發著淡淡的沁人心脾的香味，惹人醉。

後來，祖母去世了。祖父就總愛坐在桌前戴上厚重的老花鏡，翻看著已經翻了很多遍的筆記本，這似乎成了祖父退休後唯一的事了，也許那裡面記述了與祖母一起生活的片段吧。累了，祖父就摘下眼鏡，用枯手輕輕地撫摸著水仙的葉片，昏黃的老眼愣愣的，臉上的倦容慢慢地舒展開來。我放學回家，總愛在路上給祖父帶些炒花生，烤羊肉等下酒菜。看著祖父落寞的身影，我總會輕輕地喚一聲「祖父，我回來了！」祖父便將眼神移向我：「丫兒，給祖父熱盅酒。」祖父一個人啜著酒，有時舉著酒杯的手懸在半空，半晌才放到嘴邊。祖母走了以後，祖父常常望著水仙出神，好像那水仙裡寄寓了祖母的魂。

祖母走後，祖父像祖母一樣侍奉水仙，每天擦拭葉片，祖父就這樣生活著。

有一天，祖父讓我熱酒後，昏黃的老眼瞧著我，微微啟了啟唇，低沉地說道：

「丫兒，來，祖父跟你說會兒話。」我走過去，他用乾枯的大手，摩挲著我的臉頰，有點疼。「丫兒，想祖母嗎？」祖父低著頭，花白的頭髮中摻雜著幾縷細密的黑髮。「想。」不知怎的，眼淚就那樣溢了一眼，可能是憶起祖母的好吧。「祖父也是……」那似乎從心底發出的聲音，很純很真。我低著頭，低低地啜泣著。「丫兒，生活就像白開水，雖然淡淡的，卻又韻味，丫兒，祖父不想要你過那種奢靡不切實際的生活，就像祖父祖母這樣淡淡地生活，就會很幸福……」我恍惚點了點頭。

祖父也過世了。現在的我，還愛水仙。每每坐在桌邊，在那淡淡的香氣的裹挾下，我總會憶起祖父的話：「淡淡地生活，就會很幸福。」

是啊，生活不在別處，又何苦追尋不切實際的生活？只要珍惜身邊所擁有的，即便沒有奢侈的消費，那有如何。只要淡淡的，就會很幸福。

　　我笑了，心情像飄逸的窗簾。是的，祖父，丫兒懂了。

文章整體上說不上驚豔，但順眼、耐看、有氣質。

祖母侍奉水仙，與祖父相濡以沫的幸福；祖母去世，祖父侍奉水仙寄寓對祖母的思念；祖父過世，我愛水仙，感悟到要向祖父祖母一樣「淡淡地生活，就會很幸福。」故事敘述優遊從容，娓娓道來，如行雲流水，自然有致。個中語言細膩生動，寫祖父「有時舉著酒杯的手懸在半空，半晌才放到嘴邊」，結尾「我笑了，心情像飄逸的窗簾」，意味悠長。

沒有情懷的人，或者感性稍稍不足的人，是寫不出這樣的文字的。

劉建華

詩意心

劉曉慧

江蘇省海安高級中學二〇一三屆
熱愛一切雞毛蒜皮的溫暖，嚮往所有雞零狗碎的真實。
愛笑的姑娘運氣不會差，我始終相信，並找尋著我的光源。現就讀於復旦大學。

冬日清早，朔風是一隻粗礪的手掌。

我瑟縮在肥大的外套裡，步履匆匆地走在上學路上。迎面走來三三兩兩的附近建築工地裡的工人。

解放鞋、工地服、裡面露著顏色可疑的棉毛衫，蓬亂的頭髮壓在鮮橙色的安全帽下，耀眼得讓人心煩。偶有一兩個停下來背著風，廉價的塑膠打火機啪地一響，點燃別在耳朵後許久的香煙，互相之間沒有交流，大概是去上工。

我不願多想，埋著頭，將自己裹得更緊些。

快步走過人群時，我聽見一個小個子男子忽然說：「哎，月亮！」

我下意識地往天上看，果然，時雖是晨曦，月亮卻仍然在半空，在漸次晴明的天空裡像一團單薄而清晰的霧氣。這並沒有什麼神奇的。冬天的早晨，月亮落得晚了些罷了。我無動於衷地想。

目光再次轉向那群人時，他們中顯然也有人搜尋了月亮的痕跡。「是個好天啊。」一個男人說，然後啪的一聲，又點了一支煙。開始了零星的閒談。

我繼續走著我的路，忽然不知該想些什麼。在所有關於工地裡工人的表述裡，我可以找到正面的，負面的形容詞，底層的光芒，

人性的卑微一系列探究，可是沒有人告訴過我他們也是可以停歇一會兒，詩意地打量著天空，說一句「哎，月亮。」親切如見故人。我不想拔高他們，因為他們的詩意本來就是極尋常的，即便數九寒冬，單衣蔽體，他們同溫室裡調著咖啡的人一樣，也是可以詩意地描摹月色。因為這份詩意，他們的生活是否也飽滿了一些？

我卻有點羞慚。

在不久前的語文早讀課上，老師讓死氣沉沉的我們看看日出，寫一兩句話時，我膚淺地把這當做簡單的造句題，而忽視了許久不見的紅日如何有霞光萬丈驚心動魄的美。我掃了一眼窗外，百無聊賴地造句；可現在，我為我當時浮誇的修辭而羞慚。那是個很工整的排比，卻與紅日無關，與詩意無關，甚至與我無關。

我們從多久前就喪失了真正的詩意的心呢？有的人鼠目寸光，拘泥於腳下的尺寸土地，有的人故作姿態，從不見窗外的晨曦。還有幾個人在生活的重負之下拋開沒空很忙的虛偽藉口，抹掉比喻排比浮誇的修辭，真正的詩意驚覺：「哎，月亮！」

北風也許只是一個黏人的孩子，固執得跟你臉貼臉，要你抱抱她。用詩意心去看待，這些其實同樣美好。

再回頭時，那群人早已不見，只是那個小個子男子的驚歎成了我能記住的寫月的最美的詩。

詩意是一個極其抽象的概念，要寫好是需要形神皆備的筆力。作者懂得將簡筆勾勒與細緻刻畫巧妙結合，才使文章飽滿而真實。

簡筆勾勒在於作者始終抓住了寒冬之中、月亮之下那一群建築工人簡潔的近乎獨白式的語言「月亮」、「是個好天」以及簡約的吸煙的動作勾勒出了一幅工人暫得閒暇的畫面。然而這樣

的畫面對於工地工人極為難得，作者用不惜筆墨細緻刻畫，「解放鞋、工地服」，「顏色可疑的棉毛衫」，「蓬亂的頭髮」，「廉價的塑膠打火機」形象立起，刻畫出他們是在生活邊緣上奮鬥的人，惟其如此，充滿詩意之心的他們躍然紙上。

顧海燕

眼光

錢琨
南京市第十三中學二〇一〇屆
愛古典詩歌，喜歡對聯，對古典文學有特別的愛好，特別愛寫駢賦文。
現就讀於南京郵電大學。

秦淮舊夢，紫金新洲，鐘靈毓秀，妙采扶孤。總千載之悲恨，括百年之榮枯。名城巍峨，揚名都之風骨，煙柳茂綠，追往事之遺傷。清揚俊子，六朝之風猶存，婉弱佳人，三江之美尚在。

回溯千歲，時隔百年，孟德乎霸之心，仲謀龍騰之志。千里舳艫，萬片青帆長江下，百里金線，三橋計畫火龍出。江南形勝，王氣建業無雙；天下要關，險臨秣陵第一。兵家唯必爭之地，目盡吳楚；史家以絕響之資，錄存春秋。山河拱而成王室，眼光到而鑄台城。千古唯此一座，中外更無雙星。

龍脈注靈，雲成五彩之色；虎魄生怒，氣化翔鳳之形。秦皇鑄金，借澄黃以壓赤帝；漢武東巡，臨太嶽而撫乾坤。雨花降願，其石豐然圓潤，林草優誠，其木茁然而生。項王起事，八千子弟贏天下，棋童誤招，半注奇緣定終生。是惟龍鳳之所顧，天地之靈盼，帝王之眼光，其皆會於此乎？

羽殤流盞，蘭亭之約若在；醇酒釀風，秦淮軟玉如存。香君李氏，扇面桃花魂不死；十娘杜兒，箱籠百寶氣猶生。王家佳兒，東床快睡，謝府才女，西廂倏聞。明月送舟，清風留夢。潮打空城不願醒，水暖江心淚未乾。半山遺老，鐘山葬君，謀劃國是於此，指點宇內於茲。何以才子多至，佳人樂歸，英雄廣慕，賢士雲集，眼

光之所至，心之所向，亦日月精華之所成也。

天下詩極，四海詞宗。攬長江而吞大海，目宇內而概神州。水邊橋頭，每聞柳郎之新詞；城下江岸，或得蘇子之宿歡。楊柳依依，曉風時伴殘月；大江滾滾，驚濤時隨亂雲。六月而應龍至，三秋而雨伯回。水性寶靈，山性沉穩，競合與此，豈非人力可為，而造化眼光之獨到也。

其南諸嶺，其北多山。木蔥蔥而愈青，泉涓涓而始發。幹將莫邪，皆雲煉於此處；豐城劍澤，或曰收於斯門。巨闕寬利，魚腸細毒，劍客或匿於山中，豪俠每游於川下。此乃壯士之智，亦乃勇士之謀。眼光具備於此，遍觀古今，眼光犀利，藏劍之地，能不異乎？

游於市上，樂過銅駝。章台柳跡拂面，皆是醉夢之士；秦樓取樂入江，皆為貪生之徒。昔時吳宮，西子功成，退避江湖，往日越界，范蠡名就，遨遊四海。其間或有抱柱守約之士，臥冰救婦之君，於世風，亦無所助也。豈千載之眼光，高人逸士，皆錯聞乎？皆錯往乎？道曰：非也，非也。

十運方畢，青奧將臨。慚德行之日下，愧才能之益虧。雖知如是，恍若無聞，惟盡心之補闕，恐回天之乏術。股肱之節，忠義之心。效名士之高古，仿隱者之清流。

力尋乎古人，思用於今世。方不負這金陵一夢。薈天下之眼光，萃羲娥之靈瑞，亦不虧於這千百年之眼光。

時俯雕欄，常臨畫棟。每思江寧之故景，常傷建康之今朝。不知其將往何處，亦不知其眼光幾何，惟恐今後不得再見，故此云爾。

眼光看似很小，實則很大。小作者站在一個歷史的高度，對金陵的歷史、人物、地形、典故、發展的歷程一一作了勾勒，並且能夠思古述今，對南京昨天的歷史給予了肯定、對南京明天的發展寄予了厚望、對南京的今天也流露了一絲憂慮，較好地顯露了小作者縝密的思考能力。

小作者博古通今，善用典故。文中四字詞語的運用、對聯的使用、典故的使用，都很好地體現了作者較為深厚的古典文學修養。

細讀此文，彷彿看見一個文學青年，手搖羽扇，在吟誦著古典賦文，行走在南京的章台柳道，耳畔不時傳來木鐸金聲。

王傳軍

懂你

劉明珠

江蘇省贛榆高級中學二〇一二屆
淡定而文靜，在數理化學習之餘喜歡從古典詩詞中尋得心靈的棲息。
現就讀於南京大學。

　　手捧一杯清茶，桌上放著你的詞集，窗外的秋雨絲絲瀝瀝，如愁絲，如你消瘦的面容。但在這燈紅酒綠的現代社會中，又有誰能真正地懂你⋯⋯

　　穿行在千年的時空隧道中，我關照到了你的一生，我體會了你的哀愁，我如同撫摸到了你內心顫動的那根琴弦。

　　少時的一首〈如夢令〉，讓你獲得了滿堂喝彩。「爭渡，爭渡，驚起一灘鷗鷺。」這怎麼會是你發出的感歎，你這個年紀不應該是快快樂樂地玩耍嗎？怎麼會有如此的遠見？在那個「女子無才便是德」的時代裡，你似乎與那種「三從四德」相差得很遠很遠，你不甘沉浸在女子的針線、繡品中，你打破傳統的思想觀念，你想擁有的並不只是相夫教子啊！

　　十八歲，多麼美好的花季，你嫁給了趙明誠。這是多麼令人羨慕的神仙眷侶，你同樣心滿意足。可是又有多少美滿的姻緣抵得過那漫天的烽火。金兵入主中原，明誠病死，你原本幸福的生活瞬間破滅，轉瞬即逝的滿足讓你迷失了前方的路途。你期盼雲中錦書來，卻明知錦書不會歸來，你的思念又豈會被現實打斷？你獨自登上蘭舟，想要划船遊樂，但那小小的舴艋舟，又如何堪載這滿舟的愁緒？

你顛沛流離，期待天人降落，帶走些許哀愁。你同樣願那香魂化作天邊的雲彩，你已對生活失去了信心，懷念明誠，回憶曾經的快樂，只會增加你的憂愁。

　　如夢湖中，你無憂無慮地劃渡；武陵春頭，你留下多少的淚水；醉花陰下，簾卷西風，你是否應比黃花瘦？紅藕香殘，又有誰懂得你的絲絲愁緒？

　　你在人海中尋找曾經的趙明誠，尋找曾經的美好回憶。但，曾經的美好年華，已隨風逝去，你找不回來了！回到家中，面對冷冷清清的屋子，你不由得一陣淒涼。天暗了，你持一杯淡酒，心中的愁緒化作酒中的辣純，一飲而盡。孤獨寂寞，卻在肚中千絲萬結，令你愁更愁，於是，一首絕響應運而生：

　　尋尋覓覓，冷冷清清，淒淒慘慘戚戚。乍暖還寒時候，最難將息……這次第，怎一個愁字了得？

　　你收住了筆，走到榻前，任夢中的片刻歡樂將你帶到明誠的面前，你，笑醒了夢境……

　　窗外的紅葉在風中吹落，雨珠灑了滿地，你可知，那不是雨，而是我這個穿越千年的同情者，對你千年的祭奠……

　　這是一篇充滿詩意的抒情散文。文章通過對李清照這個歷史名人的描述和評價，表達了對她的景仰和同情。作者利用第二人稱「你」，很好地跨越了漫長的歷史距離，既拉近了和李清照的距離，又突出作者強烈的感情。文字的穿透力，就是這樣！文章語句優美，文采飛揚，將史實與詩句完美結合，增強了文章的感染力。

　　　　　　　　　　　　　　　　　　　　　楊德成

假如我是她

萬亞會

江蘇省贛榆高級中學二〇〇九屆

這是一個文采飛揚的女生，用唯美的文字表達著自己的人生思考。

先後獲得江蘇省第六屆高中生作文大賽特等獎、第七屆高中生作文大賽一等獎。

本文是她的預賽作品。現就讀於中國政法大學。

　　長安的玄色花繡鞋與白絲襪停留在日色昏黃的樓梯口；紅玫瑰奇詭的冷笑定格在大紅大紫、龍飛鳳舞的血色長袖旗袍上；病態的曹七巧吐著煙氣，倚靠著卷著雲頭的梨花坑……柚子般的寒香，自己不落淚卻讓人黯然神傷。

　　夜半蒼涼，黃卷青燈，美人遲暮，千古一轍。一枝紅顏露凝香，雲雨巫山枉斷腸……

　　假如我是她，我處在十裡洋場的意亂神迷、金迷紙醉中，能否像她一樣，在酩酊大醉的酒氣裡，清醒著一處靜幽，做一枝氣質媚人的蕙蘭。用敏感的筆觸，紅色的激情，噴湧出閨閣的韻味，洋房的欲望，在塑造了一個個淋漓的靈魂後，乘著它們越飛越遠，暗灑一路幽香……自在飛花輕似夢，無邊絲雨細如愁。可憐青鳥不傳雲外信，深宅大院與神秘金鎖塵封了那消瘦了的回憶，豐滿著的憧憬……我能否像你一樣，撩開紅豔微醉的酡顏，打一個美麗而蒼涼的手勢？

　　假如，我夢幻的傾城之戀破滅，而背上一段不堪回首的姻緣，能否像她一樣：當雁語在耳邊模糊，當婉約的蕭瑟抖落最後一片綠色，辭別枝頭的落葉像舞倦了的蝴蝶，借助風的引誘，義無反顧地撲向季節深處，像一朵雛菊，痛成古典詩詞裡曼妙的傷口；像一朵

牡丹，笑得雍容典雅，哭得不失尊嚴，卻仍舊昂起一種高貴和孤傲，身著花樣繁雜的旗袍，踩著極細的高跟鞋，在人力車穿行的舊上海，靜靜地走過一條條陰暗而擁擠的弄堂，跫音在夜幕中回蕩……我能否像你一樣，擁有一支忠於自己的筆，在扭曲的心靈和臉孔中，找到那件長滿蝨子的旗袍，在煙霧繚繞的銷香爐旁，埋葬青紅？

假如，在繽紛繁華目不暇接的春天，我開始蒼老，開始懷念，追憶在海外壯遊，在崇山峻嶺上長嘯，在凍港內滑冰，在廠房裡高談……當這些當年的豪舉都如煙雲一般霏霏然地消散後，還能否像你一樣，握住時間這把鋒利的小刀，在美麗的面孔上刻下深深的紋路，在旺盛的青春日復一日、月復一月地消磨掉後，將一塊普通的石頭雕刻成靈動的塑像？能否像你一樣做一樹海棠，淺淺的紅，紅得「樂而不淫」，淡淡的白，白得「哀而不傷」，又有滿樹的綠葉掩映著，穠纖適中？

我坐在落英繽紛的樹下讀信，讀你多年前就寫下的信，歲月在紙上泛黃，郵寄的地址上寫滿滄桑，最初的語言經過流年的搖撼，就只剩下一副骨骼，「刪繁就簡三秋樹」，平日所有不見的鳥巢，遠遠瞧上一眼，恰似一個個黑色的音符掛在樹枝上，靜待有人揮毫潑墨譜成新的歌謠。

她的靈魂是一張琴，因繽紛的極樂而顫抖，冷漠而又充滿激情；她是最美麗的孤女，是開在文壇上的奇葩。

假如，我接過你的生花妙筆，而舊日的墨汁已無法噴薄出今朝的輝煌，那就注以新鮮的血液，我緊握你的筆桿，猶如握住那顆躍動的心靈，淚流滿面而又欣喜若狂。

一個單獨的詩人不必去唱一支舊歌，相信我不是第二個張愛玲，而是第一個「我」，儘管眼眸中餘有她的風韻，我也要用獨特的視線來描摹這個世界。

旗袍在流亡，隱隱有著流亡的悲哀。雲彩很婉約，開放重重的彷徨。塵土的飛揚，激情的碰撞，都散發著世紀末的悽愴。她的車輪在沉默裡驚豔的碾過，循著她的方向，而不重蹈她的車轍……

　　萬亞會同學的文章向來體現著一種民國時代才女的才情，一方面源於她那唯美的帶著久遠文學氣息的語言，另一方面是那把我們帶到久遠時代去感受不一樣情懷的文字。真的需要我們「慢慢走，欣賞啊」。本文中作者與張愛玲進行著心靈的對話，在對話中我們漸漸分不清作者與張愛玲了，她們已經融為一體了。這就是文字的魅力之所在。

　　　　　　　　　　　　　　　　　　　　　　　　　　王經軍

畫裡畫外那些人和事
——《樹的受刑》

陳曉菡

蘇州第十中學二〇一〇屆
全國年齡最小的豐子愷研究會會員。外表很嫻靜，
但文字裡卻常顯「洞見」，讀畫讀得多了，每一幅畫，都是一個生活的典型。
現就讀於同濟大學。

　　一直以來，我都對「人非草木，孰能無情」這句話頗有意見——似乎為了強調人類感情的豐沛，卻有意貶低草木的情商，這也太連累無辜。然而，從科學角度講，估計不少人要提出反駁：動物好歹能夠表現出一種人類可以試圖揣摩的情感，而植物只是靜靜地安於一處，低調地甚至讓人覺得其無情，至於自古便有的草木之情，不過是人的移情附會。不過，可有人想過，這樣的思維不正是一切以人為中心的功利考慮？自己不懂並不願將感情投入到草木之中，便將其斥於無情，這與強盜邏輯又有何異？就我個人而言，我不在乎草木是否能為人所用，是否能顯現出對人類感情的回應，我對這萬物之靈依舊是報以溫情與敬意。正因溫情與敬意，在看到畫面中樹的受刑，以及生活中樹們確確實實遭遇到的無妄之罪罰，我才如此痛心。

　　一棵樹，安安穩穩、平平靜靜從落地、生根、發芽、參天，是多麼偉大的壯舉！生命本就無貴賤，不應人類有看似上天入地的技術，人之為人，樹之為樹，人就高樹一等，妄圖以刀鋸主宰其命運——而實際上，那被腰斬或是除根的驚魂時時遊蕩在城市上空。

　　有的樹死了，它真的死了——或許因為它佔據了建設規劃用地，於是被連根拔起，棄擲邐迤，屍橫遍野。

有的樹活著，它卻死了——那些在轟隆隆的卡車運輸聲中來到城市街道中落腳的「移民」，在「人挪活樹挪死」的定論中依靠現代技術苟活，卻只徒有樹殼，那份植物的生機與靈氣早就湮沒在浩浩塵土中。因此，它活著，卻是卑微無聲的死者；它是死的，外人看著又以為它光鮮地活著。

自古以來，在善於利用工具和材料的人類手中，一切可用的如樹木花草、魚蟲鳥獸、江河湖海都物「盡」其用，以具體的器物、建築、景觀來證明人與自然似乎可以相互給予的和諧世界。然而，我所看到的，更多是人之掠奪，而非人之施與，正如人之無情，而非樹之無情。原本，人——作為可能是各類形容能力的指數皆十分出眾的生物，伐些木，砍些柴，建設建設自己的家園，也無可厚非，可是萬事皆有個度：為短期經濟增長而伐盡山林，無異於竭澤而漁。一座座山，一片片田野，起先是形如稀稀拉拉的掉髮，再成「地中海」或是「陰陽頭」，直至不可修復的全禿，縱有後來的「植髮」，卻大大加深致癌的危險。

細細算來，樹大約會遭受 N 大酷刑。傳統的有砍伐、水淹、火燒……而近些年，樹的危機不斷加劇，因而出現另一大受刑方式——被迫搬家。或許是城市的規劃者們也意識到綠化的重要性，因而不惜以重資買景觀樹，如樟木、梧桐。有錢的城市就買大樹，沒錢的城市就買小樹。換句話說，只要是上了些年紀的樹，就能賣個好價錢。如果說林場能夠提供所有的樹源，那反而相當於促進我國種植業。然而事實卻令人心痛：那些為市民們帶來綠色、遮風避雨的大樹，實則是被迫從農村賣身進城。農村的地被圈起來以備開發，那些長了數十年乃至上百年的樹們自然也逃不過商品命運。更令人憤怒的是，許多交易明面上談不妥，比如遇上樹的主人不願出售，那些樹在月黑風高之時便不翼而飛。試想，那一棵棵健壯，偉大，年長，滄桑，慈愛的樹，那一片片猶如眼睛看著一代代人的葉

子，就這麼消失在熟悉的空氣中，留下巨大的、連記憶都完全不足以填補一分一毫的大坑，那是多麼令人潸然淚下的悲劇？樹是植物，更是歲月之見證。

蘇南有種說法，生了女兒的人家，在孩子出生之際就在家門口種上一株樟木樹，待女兒嫁人之時，便用其打造兩個箱子做嫁妝，取「兩廂廝守」（兩箱絲綢）之意。奶奶雖然沒有生到女兒，當年卻也在屋舍後頭栽了樟木，或許是為了避蟲遮陽。我小時候還見過它，印象中那是我一雙臂抱不過來的堅實軀幹。據說後來被偷走，我再回原處，只剩雜草叢生。這種「喪樹之痛」，在我讀到熊培雲先生《一個村莊裡的中國》中描述的相似經歷時，更加滲入骨髓，心情就如老樹受傷後滿目瘡痍又錯雜纏繞的盤根般糾結痛苦。

這種先把城市的樹砍伐用以建設，再把鄉村之地用以開發，以鄉村之樹填補城中的癩痢頭，將鄉村變成禿子，一處沒有再用另一處補，這種惡性循環甚至比砍光一座山更具危險爆發力。

我很羨慕廈門，至少在我看來，廈門的城市裡，或是廈門大學裡，那些樹都是原來就長在那裡，才能與周圍環境如此親和，而不像其它大城市中，哪怕綠蔭如蓋，也透露出離人的絲絲怨氣。所以，我也喜歡在一座城市的老城區行走，因為我知道那裡的樹基本都能生而太平並頤養天年，不會遭受威逼利誘下的刑罰。

我想，我已經夠幸運了，我所居住的城市還有許多「土生土長」的樹，那說明它們既沒有進行苦大仇深的遷移，也不曾牽累到遙遠鄉村的某一棵樹。然而，未來，我卻一片茫然。

夜深，我忽然又擔心起外婆家村口那棵樹——我憂心它的安危——那是一株極其勻稱、高大的不知名的樹，筆直地繫根於廣闊的稻田中，四周宛若無他。換句話說，不管是長相，還是位置，都很招搖，引人注目。

我曾在路上一直望著它，滿含溫情與敬意，我覺得它也應該在

注視我，是啊——草木非人，孰能無情？

小女生做出的卻是大文字——文中既不脫小女生的心性，眼光和心思又直達社會生活的深處。文章由讀豐子愷漫畫而起，同情一棵樹，批判的是人。都說「人非草木，孰能無情」，而作者明顯是反其意而用，真正無情的是「人」。結尾「草木非人，孰能無情」，既新又深，更見思考之痛。樹的酷刑有兩種，一是「有的樹死了，它真的死了」，那是在批判人之無度和貪婪；二是「有的樹活著，它卻死了」，那是在批判城市化中的陋習。前者，是豐子愷畫中的原義，而後者則是作者對現實生活的觀照。正像陳曉菡這一系列文章的總題「畫裡畫外那些人和事」中的「那些」一樣，她的讀畫不止於畫，而是要發散很多，古與今，南與北，書本與現實，把社會現實的醜陋總要拿來挪揄、調侃、諷刺一番，而另一面，又不缺關懷和深情，所以文中既有「城市規劃者、月黑風高偷樹者」，也總會有奶奶、外婆、江南人家這些溫馨的身影。至於文字，很難得，青春女孩有著靈動和金石氣俱備的特質。

陳興才

韶華逝去的思緒

單欣宏

江蘇省贛榆高級中學二〇一三屆

愛幻想的雙子座，陽光般性格。熱愛讀書，崇尚自然，視書為君子，以山水為佳人。希望在敢愛敢唱敢做夢的年紀裡，說那些關於青春，關於生活，關於世界的故事。現考入南京大學。

　　總覺得時間是那麼快，來不及回首，來不及記憶。生活有時就是挺讓你煩惱的，有時就是感覺很無聊，可以自己發呆自己笑。我不是排斥熱鬧，只是現在不想，我就想宅在家裡，用各種荒唐的理由拒絕外出。或許我想被這個家包圍著，暖暖的、靜靜的。家是什麼？爸媽在哪兒，家就在哪兒吧。

　　小白說「時間是一道不能翻轉的門」。而我想，時間其實是一道沒有空隙的牆。我總是在時間裡找不到空隙來裝下我的疲憊和懦弱，我只能不停的前進，看著時光奔騰。我很少聽歌，很少唱歌。我很少流淚，很少發脾氣，同學說我是個活寶，總是讓大家很開心。我的人緣好，我的性格好，他們都這麼說。所以沒有人會注意我安靜的時候會在想什麼。或許，每個人在某一時間都是逃不掉被忽略的。

　　我想自己靜一靜，好好反思一下，收拾一下心情，將來好輕裝上路。

　　要談未來，不知道怎麼說。今天有人這樣問，我搖搖頭，說沒有想過。我坐在沙發上，腦袋裡的思緒轉啊轉。我很現實，想過個安靜卻不枯燥的生活，我憧憬田園和海邊，但是我不想住那兒，我只是幻想把它當做我一個可以釋懷，大聲叫喚的地方。

我不想做稻草人，沒有跌宕起伏的生活，就像笛安筆下的它，最終還是要被麻雀吃掉的。我喜歡做夢，不做夢會很無聊，哪怕我睜開眼就忘記，我也會很欣慰，知道至少睡覺的時候我的腦袋不是空空的。我想要大大的房子，我想在屋裡的每個角落裡擺滿我喜歡的東西，在床上放滿毛絨玩具，不論是大的小的都好，只要我心情好。我想把臥室佈置得很溫馨，無論什麼時候都可以讓我安心的暖暖的睡覺。我想把爸媽的房間放到隔壁，牆薄薄的，可以在夜晚聽到爸媽的呼吸聲，這樣會讓我很放心。我想種一些花，一些向日葵。種一棵樹，一棵不要太高，卻很濃密的樹，我可以在樹下看書，喝咖啡，聽歌，或是寫文。我想養幾隻狗，可以圍著我，我一來家，就會搖著尾巴跑過來。我不想住在城市的中心，城市中心晚上總是太喧鬧，那樣爸媽會睡不好覺，狗狗也不好養，更別提花了。但是我希望工作的地方會在那兒，無論我晚上加班到幾點我都可以看到霓虹燈在閃耀……這樣是不是想得很全面？

　　夜色已深，我可以隱約的聽到媽媽睡覺時的呼吸聲。她太累了，總有些困倦，總讓人心疼。媽媽常說她和我在一起的時光總是最開心的，我常會逗她開心，逗得她呵呵直樂，我什麼都和她說，好的壞的開心的傷感的。她生氣發脾氣，我聽著很少和她頂嘴，我發牢騷她也總是遷就我，我們就像是 best friend。好好生活，好好快樂，好好的讓人羨慕。

　　我想或者這就是我的一種生活吧，在繁忙的學習生活中的自我排遣，就如同我們指尖流逝的韶華時光，只能用些不是平白的，但也算不上是華麗的文章來記錄。我想這是充滿我真實的想法和愛的感覺，愛是什麼？愛就是對生活的珍惜和對未來的追尋吧。

作者以輕鬆的筆觸，沒有刻意的描寫物件，用文字記錄了自己真實的感覺，抒寫自己對生活的感悟和對未來的憧憬，文字的感覺就是情感的感覺，這是文章的亮點。淡淡的憂傷中，卻又溢滿生活中細微的幸福。作者先寫現在的生活，然後憧憬未來。從一開始的迷茫，轉為對現在生活的滿足和對未來的期待。字裡行間流露出對親情的珍惜，其中一段寫與媽媽之間的相處，區別於青春期的叛逆，而把情感交融放在舞臺的中心，令人感到溫暖和幸福。正像作者最後所說的：愛是對生活的珍惜和對未來的追尋。

臧文淑

悠悠漢字情，赤誠中國心

焦玲玲

江蘇省東海高級中學二〇一一屆
相信人生把握在自己手中，相信一切磨難都會過去，總有美好最終降臨。
現就讀於清華大學。

　　似芙蓉涉水而來，旖旎獨特；如野菊淡然綻放，暗香盈袖。漢字，你在中國這片原野上落地、生根，從此成了中國心，成了中國魂，成了我心中那段不了的漢字情。

　　漢字，於春之暮野，我們邂逅。你向我伸出手，眼波流轉，微笑蔓延。從此，我沉醉。

　　漢字，猶記得初感受你指尖的溫存，被你牽引著走向未知的遠方，身後是流光飛舞的紅塵歲月。在那些遙遠的往事裡，是你留下的快樂悲傷，驚奇瑰麗。你的故事，從春說到秋，從綠說到黃，編織著神奇的童話，承載著對世界的最初的感知。

　　漢字，童年是你在短笛裡譜寫的牧歌，單純而恬靜。那些小水窪，那些爛泥巴，那些在雨天光著的小腳丫，因為有你陪伴，它們便都開成我心口的白色小花，芬芳那一顆赤誠的中國心。

　　漢字，當我馬不停蹄地向前，終於跑進成長的劫，觸摸到那明媚而憂傷的青春。此時，是你，是你在我迷茫時用那閃亮的字句點燃那已微弱的心火；是你在我莫名落淚時用溫柔的歌撫平我心的是疼痛；也是你教會我，在年輕的心壁上默默雕琢一種激情，一種信仰，一種向上的力量；更是你，告訴我，既然活著就要像水，點點滴滴都是真實的生命。

漢字，青春是你調製的一杯雞尾酒，眩目而濃烈。喝下那杯酒，我丟掉那些浮躁的喧囂與空虛，和你一起或喜，或悲，或怒，或癡，任我血脈裡那澎湃的中國情燃成熊熊烈火。

漢字，當我滿了黑髮，長了腰肢，是你牽緊我的手，向那莊嚴的歷史與人生致敬。你踏著歲月的塵埃，碾碎時間的凹凸走進歷史的風雨中，我，亦無悔相隨。癡迷了，沉醉了，我淪陷在你的天地裡。漢字，你溫柔的髮梢吹來歷史的夜風，講述一個個千年古老的故事；你多情的雙眸噙滿淚水，讚歎著一次次文明的奇跡；你滑潤的肌膚令我酥麻入心，感受著那一段段驚心動魄的傳奇。五千年的燦爛輝煌，在你心口淺吟低唱，餘暉後的屈辱也融進你掌心的紋路，黯然神傷。微醺的歲月裡，你閃著淚光，紅暈漫上臉龐，撩人心弦。

漢字，成長是你記載下的凝重與深沉，是流淌在你血液裡的靈性和陽光下生命拔節的真實，是深植於骨髓的那濃濃中國情。

漢字，你可知有些情感亦可以如花開花落般淡漠平然，卻洶湧著來自血緣，無法忘懷是記憶。這記憶會讓我們的靈魂一生都散發著與生俱來的那種甜甜的，憂傷的味道。遙遙望見你時，有一些暖暖的東西在內心深處像老家門前的小溪緩緩流著。那割不斷的千絲萬縷的愛戀，我知道，只因為我們根植於同一片土壤，生於斯，長於斯，每一次呼吸都跳動著中國的印記。

漢字，唱不老的是童年的歌，數不完的是青春的故事，逃不掉的是和你難捨難割的情緣。

漢字，我愛戀你的妖嬈，我愛戀你的澄清，我愛戀你如山的沉穩似水的靈動，我更愛戀這孕育了你的中國。

如果說一篇作文是一條河，那麼文字就是水滴，思想就是水流，而激情則是水面上的風。風推浪湧，浪助風威，文字裡挾著沸騰的思想，一路狂奔，直至盡頭。讀這篇作文，此種感覺尤為強烈。如果沒有平時的海量閱讀，勤奮積累，想在短時間內寫出如此奔放的文字，恐怕很難。在靈性人筆下，文字是血肉豐滿的。如果你看它枯燥，它就給你沙漠；如果你當它是生命，它就還給你無盡的風景。你徜徉在這篇風景裡，心躁者神寧，心靜者神馳。「籠天地於形內，挫萬物於筆端」即此境也。熱愛我們的文字吧。

桂榮

《飄》的味道

孟瑞

江蘇省贛榆高級中學二○一三屆

文學給了我一個新的世界，充滿了神奇的力量，聖潔的光芒裡靈魂展開雙翼，不斷衝擊著生命的高度。文學給的從不只是視覺的盛宴，一場美麗的邂逅，還是一場靈魂的淨化。現考入同濟大學。

　　時間在人的味蕾上跳動著，抽出了什麼，又注入了什麼，人的味覺在不斷改變。品味的最好療法是去一遍一遍地品嘗、回味。

　　我想品讀經典更需如此。

　　第一次讀《飄》時，品的是愛情。早從中國經典裡堅定了「願得一心人，白首不相離」的愛情觀念，便固執地認為愛是要放棄一切，哪怕是放棄生命，也要化作雙飛的蝶，相守生生世世。那時我不喜歡郝思嘉，她是個功利又極富心計的女子，全世界的男子只是她變強的階梯。她虛榮、偏執，像是戴著女神面具的狼，桀驁不馴。我更喜歡媚蘭這個溫婉的女子，她是輪明月，流動著月華，就那樣溫潤了人們一顆疲憊的心。我想，若我是衛希禮，我也會選媚蘭為妻的吧。

　　看郝思嘉跌跌撞撞地一路走來，像看一場事不關己的戲，冰冷漠然，只道她是愛情的叛徒，把美麗的童話瓦解得支離破碎。上天便來懲罰她，讓她總是在失去中才知道自己想要的究竟是什麼。

　　一晃很多年，我才知道，很多事情我不懂，現實不是童話。很多時候，周圍一片迷茫，想要放棄時，依稀見到了那樣一個女子。

　　於是再翻起微落塵埃的《飄》。

　　這一次，我看不懂愛情，我只看到了人；我看不懂童話，我看

到了真性情。

我想，她美得真實勇敢。

她沒有戴著天使的光環，因為她不是生活在童話世界裡。她的身邊有紛飛的戰火；亂世中，柔弱只會讓她化為落花，所以她選擇了勇敢，為自己換上了男人的脊樑。她嫉妒成性，深深地恨過「奪愛」的媚蘭；可是她的生命裡她捨不得完全抽走善良，於是保護著在童話中幻想的媚蘭。她柔弱無比，在不同的男人面前會淚眼矇矓，用眼淚賺取世人的同情；可轉過身，她的剛硬會讓世間的男人望而卻步……

世間所有極端的性格，紛繁雜亂，卻是如此完美地融成了一個郝思嘉。正是因為這矛盾而又統一的融合，她的美倔強而真實。

記得一個細節：她用柔嫩的小手刨著土，踉蹌著尋找食物，四周黑暗成了憂傷。她恐懼著卻無悔，她願用染血的手換回家的美麗。

她是一隻蝴蝶啊，她的生命原本該充滿了鮮花與陽光，就算飛不出滄海，又有誰忍心去責怪？

她是一隻最美的蝴蝶，驕傲地飛過苦難之海。書中最後一句「明天，又是新的一天」。我想，明天，她會收穫愛情的，我祈禱著她的明天和我的明天。

下次，我期待著時間給我的舌頭以新的賞賜，我將品讀出另一種《飄》的味道。

經典常讀常新。不同的人，抑或同一個人在不同的情境下，品讀同一部經典都會讀出不同的味道。本文以「我」獨特的視角，寫了兩次迥然不同的品讀：先是愛情，再是人性之美。讀得真，讀得深，「入乎其中」矣！

仲玉梅

讀我

陳尚東

江蘇省東海高級中學二〇一一屆
始終堅信優秀的文章背後一定是豐富的閱歷和深刻的思考，
在激情與夢想的引領下去不斷探險，在尋求挑戰的過程中一次次重新認識自我。
現就讀於南京大學。

雖然我是「窮二代」，但是很幸福、很快樂，因為我讀懂了自己。

你若不信，且聽我一一說給你聽。

我穿不起耐克，沒有阿斯頓馬丁接送，沒見過古綺的風衣，見過的唯一一件 LV 包還躺在上海南京路上的某個櫥窗裡，當別人手裡拿著「蘋果五代」不停撥弄時，我上街卻買不起五袋蘋果。我上學騎的是除了鈴鐺不響哪裡都響的自行車，穿的是哥哥從伯伯那裡「繼承」來的運動服，Mp3 是轉了 N 次買的，遊戲機是磨破嘴皮借的。但當我拿著手裡記錄精確到零點一位的帳本時，卻依然很開心的計算出這個月終於為垂涎已久的《金庸小說全集》省下了十二元四角錢。

是的，我沒有多少錢，但是，作為「窮二代」我能清醒認清自己，滿足於我足以溫飽的物質生活。我無比感恩父母為我創造的現有的條件，我也無比同情那些依然貧困的孩子們，儘管我是窮二代，但當我把六元二角投入支援希望工程的捐款箱中時，我會感覺很幸福。

我不是北京人，我沒有北京人那雙「隱形的翅膀」。我沒有一個可以為我偽造出少數民族身份的爸爸，考清華北大仍需要四百二

十分，考南大東大選修仍然需要 A，一點都不會因為我是「窮二代」而改變。

但是，作為「窮二代」我能清醒地認清自己，所以我會堅持不懈地努力，我相信聚沙一定成塔，集腋一定成裘，我相信汗水一定能澆開成功之花，風雨之後必有彩虹。

我爸不是李剛，所以紅燈依然代表停，綠燈依然代表行；我叔不是金國友，員警不是可以亂打的，車不是喝了酒才能開的；我媽不是張蘭，所以我以後也娶不到大 S，就算我用微博討伐張朝陽，轉載次數也不會超過兩位數⋯⋯

但是，作為「窮二代」我能清醒地認清自己，所以我不會像張韶涵一樣和媽媽反目；不會像曾寶儀一樣少年時與爸爸一度不和。我很愛我的爸爸媽媽，我也很愛我的老師同學，以及每一個生活在我的世界裡的人。

因為讀懂自己，很知足，很幸福，很快樂；因為讀懂自己，很平靜，很坦然，很淡定。面對這個因為太多的「x 二代」而顯得不「給力」的世界，我沒有「羨慕嫉妒恨」，沒有奢望，沒有幻想，只因我懂得我自己。

或許，我唯一奢望的便是所有和我一樣的「窮二代」能夠清醒地讀懂自己，認清方向，從而一起奮鬥，創造無比光明的屬於我們「窮二代」自己的未來。

沒有角度不成文章，好的文章都有一定的角度。本文的作者很巧妙地選擇為文的角度，將「我」定位於「窮二代」中的一員，角度小而新，為寫出精彩的文章打下了基礎。但文章出彩的地方不僅僅在角度，更在於亦莊亦諧的語言風格。

文章第三、五、七節分別論述我的物質生活不夠富有、我沒有

特殊的身份、我沒有顯赫的家庭，語言俏皮活潑，詼諧幽默，似乎在玩笑之中就把社會不良現象揭露出來。文章第四、六、八節分別表明我的物質生活觀、我的奮鬥觀、我的家庭觀，語言莊重嚴肅，簡潔有力，在抑揚褒貶之中態度更加堅定。

文章整體在對比中表明瞭自己的價值取向和健康向上的心理狀態，讓我們看到了一個雖然物質生活不富裕，但積極進取，樂觀向上、充滿正能量的優質青年。

張華

詩意生活

劉麗珠

江蘇省新海高級中學二〇〇九屆
追求短暫的快樂與內心的安寧。詩意地棲居，為心靈留一份淨土。
現就讀於北京航空航太大學。

　　曾經，想做一個瀟脫不羈的詩人，看微雨燕雙飛，落花人獨立。在宋代華美的錦緞上，留下章短而韻長的一筆。

　　也想學易安斟一杯清酒，就可把從古到今的淒淒慘慘吟唱。聽梧桐細雨，點點滴滴到天明。

　　也想學稼軒把吳鉤看了，欄杆拍遍，欲說還休。

　　細雨濕衣，閑花落地。看不見聽無聲的是春雨的江南。天高日晶，和風拂面，你看那香擁翠繞的秦淮兩岸，是誰泊了一隻澤夢小舟？閑愁如一江春水，悠長悠長又飄逸。有人說，江南在一支洞簫裡駐足，誰輕輕一吹便嫋嫋婷婷地上升。馬蹄草潛滋暗長，遮不住的是江南的輕舞飛揚，藏不下的是江南的清秀奔放。

　　張潮在《幽夢影》中說：「因月想好友，因花想美人，因雪想高士，因酒想俠客，因山水想得意詩文。」這是一種怎樣詩意盎然的生活！讓我嚮往。可是啊，我們卻習慣了因花想開店，因雪想堵車，因酒想公關，因月想星球大戰，因山水想開發區的批文。

　　睜眼閉眼，全是紛亂繁雜的紅綠指數，身前身後全是忙忙碌碌的上班一族。驄駿馳騁，快不過手裡的滑鼠輕點；綠蠟紅燭，亮不過鬧市的燈紅酒綠。在本應霓裳輕舞、纖雲暗渡、絲弦弄音的七夕之夜，只用短信送朵玫瑰。在鋼筋水泥築成的城市，有誰願意把闌

干拍遍，欲說還休？在愛恨情仇被隨意 灑的今天，又有哪家女子肯和羞走，倚門回首，卻把青梅嗅？

當屬於現在的那百花齊放的春季在搖櫓聲中一篙獨去，我真的開始嚮往那樣寧那樣真純那樣詩意的生活了。柏拉圖說：「如果你有兩塊麵包，請把其中的一塊換成一朵水仙花。」如果可以選擇，真願意活在宋代。

野竹青靄，飛泉碧峰，採菊東籬，把酒黃昏。任時光紅了櫻桃，綠了芭蕉，我只嚮往那「欸乃一聲山水綠」的自由，「紅樹青山好放船」的恬淡。恰似那遮不住的青山隱隱，流不斷的綠水悠悠……

「人，詩意地棲居於大地。」──這是哲學家、詩人海德格爾的名言，也是備受世人崇尚與嚮往的美好生活境界。本文正體現了作者對這種理想之中的詩意生活的嚮往。《論語》曰：「質勝文則野，文勝質則史。文質彬彬，然後君子。」優美的文字，讀來是一種享受。但語言優美的文字往往易失之膚淺，言而無物，讀來乏味。這篇文章可以說做到了文質統一。作者或引用，或化用，詩詞佳句，信手拈來。文采斐然，詩意盎然。既有對詩意生活的精彩描寫，亦有對喧囂生活的委婉不滿；既有感性的淺層鋪敘，亦有深層的理性思索。語言清新雋永，流暢自如，顯示了作者駕馭語言的出色能力。

吳海軍

你聽，真美

徐晨

江蘇省鹽城中學二〇一三屆

喜歡愛爾蘭的歌手和組合，喜歡用相機記錄下生命中的點滴。

偶遇文字，便渴望用她抽絲剝繭生活，紡織出自己的王國；

便渴望用她做翅膀，越過人生的山高水長。現考入南京師範大學。

　　一直記得張愛玲在《傾城之戀》中描寫的伶人——「長長的兩片胭脂夾住了瓊瑤鼻，唱了，笑了，袖子擋住了嘴……」眼波流轉，水袖紛飛。自小，我就喜歡戲劇那一份明豔之美。

　　我喜歡看戲，奶奶卻喜歡聽戲。

　　深灰色的藤搖椅，小小的收音機，咿咿呀呀，舊時光走過斑白的頭髮。奶奶眯著雙眼，細細聽著，偶而對聽不懂唱詞的我說一句：「你聽，真美。」

　　那時的我不懂，戲劇的美是聽不出來的。

　　直到邂逅《遊園驚夢》，「不到園林，怎知春色如許？」秀麗佳人杜麗娘一步一步走出囚牢，走向自己浪漫的命運，走向自己至死不渝的愛情。「原來姹紫嫣紅都開遍，似這般都付與斷井頹垣。」面對明豔的生命，她一點一點看出曾經生活的蒼白與虛無，觸摸到自己靈魂深處對美的渴望。「良辰美景奈何天，賞心樂事誰家院？恰三春好處無人見，則為你如花美眷，似水流年。」花開春至，春離花謝。一次又一次輪回，一寸又一寸光陰離去。時光瘦，指縫寬。春色如許，怎敵得過流年的沖洗？時過境遷，舊時光一點一點落在我們身後的影子上，誰會留在記憶中呢？這個溫婉的大家閨秀捻起一片落花，抬首，樹後立著一個白衣飄飄的少年。至此，一段愛情

生根、發芽，綻放出日後感動無數人的美好。

你聽，悠揚婉轉的唱詞真美。

後來，又愛上《霸王別姬》。愛上張國榮版的程蝶衣和程蝶衣版的虞姬。「大王——」亂世天下，悲歡與共。淒清哀婉的唱腔中，破碎的是虞姬與項羽的愛恨情仇，是蝶衣與段小樓的一輩子的承諾。不論是虞姬，還是程蝶衣，回憶都是難以割捨的夢。「四面楚歌起，賤妾何聊生？」所有的告別與不捨，悲哀與決絕，苦澀與無奈，都浸泡在這一黯淡、深沉的唱腔中，那聲音華美而又破碎。「不可，待孤看來……」再多的不捨都不可待，一聲摻滿眷戀的唱腔一點點抹去浮華，露出純真，純真的痛與悔。「我本是女兒郎——」這是蝶衣最後一句唱詞，縹緲如塵灰吊子，卻讓人聽出海市蜃樓，夢魘散盡後那難以言說的茫然與無可奈何。

你聽，飽滿哀婉的唱腔真美。

古琴語曰：無聽之以耳，而聽之以心。美是可以聽到的，戲劇之美更是如此。不論是踏尋緣分的杜家大小姐，還是惜別因果的虞姬；不論是唱詞還是唱腔，那一份美，是聽出來的。

咿咿呀呀，胡琴聲響起，你聽，真美。

高處落筆，立意深遠是本文的最大特色。作者開頭用張愛玲在《傾城之戀》中描寫的伶人引入文章，然後又用奶奶聽戲走入主題。用華美的筆鋪敘了《遊園驚夢》和《霸王別姬》的音樂之美，從而帶出「無聽之以耳，而聽之以心」的主題。
文筆流暢優美。

廖海燕

CHAPTER 02

審題立意

作文的審題與立意

江蘇省東海高級中學 周景雨

（江蘇省中學語文高級教師、連雲港市中學語文專業委員會常務理事）

審題與立意，是寫作文相連續的兩個步驟，這兩個步驟相伴而行，互相滲透。它們就像一顆幼芽上長出的兩片對稱的嫩葉。特別是限時作文，審題的時候，立意已經啟動。我們之所以把它們分開，是為了便於述說。

有限制形式的作文，關鍵在於審題，審題出了偏差，文章寫得再好，也不會得高分。在審題準確的前提下，立意的高下則直接決定作文的品質和檔次。

二〇一三年，江蘇高考作文陡然變臉，由命題作文變為新材料作文。

寫新材料作文最大的障礙在於審題。許多考生由於缺乏正確把握材料含義的能力，導致審題出現偏差。考場作文，特別是高考作文，所給的材料不可能是單意的，解讀的空間一般都很開闊。不過，解讀的角度雖然很豐富，但不等於所有的角度都切合材料，都正確。有些解讀是合理的，而有些解讀可能是牽強附會的。這就要求考生對材料的內涵要有一定的區辨能力。先看下面這道作文題。

閱讀下面一則材料，根據要求作文。

你發現沒有？在這個世界上，最珍貴的東西是免費的！空氣是免費的，陽光是免費的，雨露是免費的，春風是免費的，友情是免費的。還有意志，還有信念，還有希望，還有夢想⋯⋯世間多少滋潤心靈的美好風物都是免費的啊！

　　以上文字可以讓人產生不同的聯想或感悟。請根據材料，自選角度，自定文體，自擬題目，寫一篇不少於八百字的文章。

　　審題。新材料作文與話題作文相比，沒有提供話題範圍，但不等於完全開放，作文立意必須源於材料、忠實於材料，要體現材料的本質內涵，這就對審題造成一定難度。審讀這則材料，必須抓住兩點，一是「免費」的，二是「珍貴」的，只有圍繞這兩點做文章才切合材料內涵，符合審題要求。許多同學由於審題失誤，只圍繞「免費」一點做文章，結果造成偏題甚至離題。

　　立意。從對材料的依附性來看，新材料作文與舊材料作文類似，不過沒有必要像舊材料作文那樣，必須在文章開頭或中間引述材料。新材料作文與舊材料作文相比，主要區別在文體選擇上。舊材料作文局限於議論文，而新材料作文基本取消了文體上的限制。且看圍繞這則材料的六種立意：

　　立意一：空氣是寶貴的，陽光是溫暖的，雨露是滋潤的，春風是和煦的⋯⋯這一切均是大自然免費賜予我們的，卻無比珍貴。人類要善待自然，與自然和諧相處。

　　立意二：友情珍貴。人與人相處需要友情，國與國交往需要友情。免費的友情讓人備感溫馨，天長地久；附帶條件的友情虛偽而易失。

　　立意三：信念是免費的，但人生卻不可無信念。岳飛有精忠報國的堅定信念，譚嗣同有誓死變法的信念，鄧小平有走出國門改革開放的信念⋯⋯是他們給予孫後代留下了無比珍貴的物質財富和精神財富。

立意四：談有價與無價。有價未必珍貴，無價未必卑賤。有價與無價不在價格而在價值；珍貴與卑賤不在地位高低、金錢多寡，而在於作用大小。清潔工地位低微，但他們的工作是珍貴的；奸商貪官，他們私囊飽滿卻並不珍貴，遭人唾棄。

立意五：文字是免費的，人人可以學習，可以使用。但免費的文字卻可以寫出珍貴的文章，供他人欣賞。要重視文字學習與掌握。

立意六：世界上沒有免費的午餐。想獲得就必須有付出，一份耕耘一份收穫。人與人，人與社會，人與自然都是這樣。免費是好逸惡勞的表現，是心存僥倖者冠冕堂皇的藉口。知足者才能常樂。

上面六種立意，立意一樸實自然，寫起來簡單容易，但很容易與他人的立意「撞車」。立意二與立意三寫起來難度大些，但思維空間廣闊，能融入社會問題，思想深刻，容易出彩。立意四站在哲學的高度看問題，思辨有力，若把握得當，辯證關係處理適宜，當屬一枝獨秀。立意五言之似乎成理，但「文字是免費的」說法有些牽強。與此種立意類似的還有「路是免費的，但給人行走提供方便，就顯得珍貴」；「讀書是免費的，但能學到知識，增長才幹，所以讀書是珍貴的」等。立意六採用逆向思維，想法很好，但脫離「珍貴」，當屬於偏離題。

再看二〇一三年江蘇高考作文題。

閱讀下面的材料，按照要求作文：

幾位朋友說起這樣一段探險經歷：他們無意中來到一個人跡罕至的山洞。因對洞中環境不清楚，便點燃了幾支蠟燭靠在石壁上。在進入洞穴後不久，他們發現了許多色彩斑斕的大蝴蝶安靜的附在洞壁上棲息，他們屏住呼吸，放輕腳步，唯恐驚擾了這群美麗的精靈。數日後再來，他們發現這群蝴蝶早已不在原處，而是遠遠的退到了更深的洞穴。他們恍然大悟，也許那裡環境更適合吧，小小的蠟燭竟然會帶來這麼大的影響。

要求：①立意自定②角度自選③題目自擬④除詩歌外，文體自選⑤不少於八百字。

這則材料，如果直接從整體上去解讀，難度很大，如果切分開來，從不同角度解讀，然後再結合整則材料去分析，就容易一些。

一、從蠟燭的角度。小的方面（局部）與大的方面（整體）相互依存、相互影響，人類的某些作為對生態的影響等。二、從蝴蝶的角度。在適宜環境下成長，適宜環境促進發展，環境影響成長，圍繞蝴蝶的聯想與想像等。三、從探險者角度。人文關懷，人與自然，保護環境，美的發現等。

如果與整則材料聯繫起來，立意的範圍就可以再放大：人文關懷，人與自然，人與社會，和諧，理解，美的追求與發現，關注細節，等等，均在立意範圍之內。

新材料作文，既要緊扣材料，又不能局限於材料，最好的辦法是，把材料作為「起跑器」，發力之後，要努力展示自己的思想，自己的才情。議論文要為自己的「理」雄辯，記敘文要為自己的「情」去敘述去描寫。「理」要有理，「情」要真摯。只有這樣，才可以寫出沒有「八股味」、生活氣息濃郁、有思想的好作文。

下面介紹四種簡明實用的審題、立意方法。

一、結構剖析法。此種方法通過剖析作文題的語法結構，借助語法橋樑，從而獲取作文題的本真含義。

示例一：請以「生活中的減法」為題，寫一篇作文，文體不限，八百字左右。

我們首先解剖一下這道作文題的語法結構。這道作文題是一個偏正關係的短語，中心詞是「減法」，但並不意味著寫作文時只圍繞中心詞去立意，決不能忽視修飾語「生活中」，也就是說我們所寫的「減法」必須是「生活中」的「減法」。如果脫離生活去寫「減法」，比如寫計算

層面的減法，均視為偏、離題。

示例二：請以「解密幸福」為題，寫一篇作文，文體不限，八百字左右。

這道作文題的語法結構為支配關係，「解密」為支配動詞，「幸福」是支配物件，是賓語。「幸福」決定了立意的範圍，也就是說我們所寫的作文必須與「幸福」有關；「解密」是關鍵所在，也就是說我們所寫的作文，著眼點在於解開幸福的秘密，當然是我所認為的秘密，比如幸福是一種感覺，幸福也含有苦澀，等等。「解密」決定寫作此文必須寫過程，寫自己對幸福秘密的認識過程。通過解剖這道作文題的結構，我們很容易確定本題的行文重點。

二、修辭聯想法。此種方法通過分析作文題的修辭效果及其功能，作進一步聯想與延伸，從而獲取作文題的內在資訊。

示例：請以「根」為題，寫一篇作文，文體不限，八百字左右。

從修辭的角度看，這道作文題具有豐富的象徵意義和比喻意義。只要我們圍繞這兩個方面，盡情伸開思維的觸角，就會有許多上乘的立意：「根」可以指基礎。萬丈高樓平地起，做任何事情都要打好基礎，學習過程更要重視基礎；「根」可以指平凡的人，農民、教師、軍人……他們都是社會的根，國家建設的根；從根與花的關係展開論述，花再美，也離不開根，沒有根的花，斷然開不長久，這個道理同樣適用於人類社會，人民與國家的關係就是花與根的關係；「根」可以指故鄉，可以指民族和國家，故鄉情，家國情，皆繫於根。如果再作聯想與想像：通過供養大樹的根鬚讚頌默默的奉獻精神，通過盤根錯節的根鬚，讚頌團結向心精神，通過穿土破石的根鬚，讚頌「鑽勁」、「擠勁」和「拼勁」，等等。

修辭手法賦予這道作文題無比豐富的內涵。只有從修辭的角度去解讀這道文題，才會有眾多新奇的立意。

三、哲理發掘法。此種方法通過發掘作文題內在的哲理性，獲取作文題所蘊含的深層哲理與情思，從而使行文更為通透、深刻，更為飽滿、豐富，收到啟人深思，發人深省的效果。

示例：請以「鏡子」為題，寫一篇作文，文體不限，八百字左右。

他人是自己的鏡子，他家是自家的鏡子，他國是本國的鏡子；人是家的鏡子，家是社會的鏡子，社會是國家的鏡子；自然是人類的鏡子；言行是心靈的鏡子；歷史是現實的鏡子……以上立意均富含哲理。

具體說來，借哈哈鏡寫「自知之明，不可盲信」，借後視鏡寫「前事不忘，後事之師」，借望遠鏡寫「高瞻遠矚，預見未來」，借顯微鏡寫「見微知著，防微杜漸」，借放大鏡寫「放大美好，放大痛苦」，借鏡中花寫「禁住誘惑，求真務實」等等。

如果不通過哲理去透視這道作文題，只是實實在在寫玻璃鏡子甚或古人的青銅鏡子，都會顯得薄弱、乏味。是哲思賦予這道普通的作文題更為深厚的寓意。

四、生活遷移法。此種方法通過把作文題蘊含的情感、知識等向生活中遷移、延展，通過生活來驗證，從而看清楚作文題的本真面目。

示例一：請以「問」為題，寫一篇作文，文體不限，八百字左右。

這類作文題看起來抽象，很難下筆，但只要聯繫生活，向生活中遷移，就簡單多了。生活中處處須問：從小處看，油鹽醬醋茶，衣食住行玩，樣樣皆須問；從中間看，平常的學習、工作，疑問自然多多；從大處看，理家離不開問，科學離不開問，治國離不開問。「問」貫穿生活始終，生活因「問」而多彩。真是時時有問，事事須問，天下雖大，一「問」洞透乾坤。聯繫生活，可以讓本來抽象、枯燥的作文題形象豐滿起來，化難為易，化繁為簡。

示例二：請以「有溫度的語言」為題，寫一篇作文，文體不限，八百字左右。

想一想，生活中我們經常使用哪些語言？關心的話、愛護的話，我們叫它溫暖的語言；嘲笑的話、挖苦的話，我們認為是冰冷的語言。聯繫生活這麼一想，就會發現，語言確實含有溫度，當然是人造的溫度。知道語言含有溫度，我們就要善於控制語言的溫度。向生活中遷移，含蓄的作文題也會變得簡單。

　　作文審題有方法，多練可以生「巧」。立意有方向，明確於心，可以省時省力。作文立意，往往離不開三大範圍：1 人生體驗。自主參與和自己的認識感受是體驗的核心。2 理性思考。看問題全面、辯證、不走極端；強調個人的行為要受理智的制約，善於運用唯物辯證法來看待和處理問題。3 人文精神。包括三個方面：（1）用一種悲天憫人的情懷，來關心理解尊重他人，與他人進行平等的對話，對人類所遭受的苦難深切同情，對人類的現在和未來深懷憂慮；（2）對自然社會與他人充滿敬畏和感恩之情，尊重自然，敬畏生命；（3）在人的全面發展中，善於反思審視自我，對自己的行為、思維、心態富有自我批判精神，並且擁有堅定而崇高的精神信仰。

　　這三個方面大致包含這樣一些內容：自身的生存與價值，與自然的關係，與他人的關係，與科技的關係，與教育的關係，與傳統的關係，與文化的關係等。

車站

陳曦

江蘇省新海高級中學二〇〇七屆
在開闊有度的社會工作中歷練自己的身手與思想，
求學路上與之相伴的是讀書的一次次頓悟。現就讀於中國人民大學。

　　沒有候車室，只有翻閱日曆時的恍然徹悟；沒有檢票台，只有翻過日曆後的毅然前行。昨日冬至。

　　當我第一次明白了冬至的意義，我便知道，數過了那一天，我就可以珍藏更多的陽光，在眼睛裡，在生命中，祈盼來年的陽春。我知道這是一條軌跡，而冬至，正是它的車站。

　　生命的列車在奔行著。晨霧迷蒙是冬晨特有的景色，何況是冬至。日出很晚，陽光頗斜，是費解的吝惜；日落很早，轉瞬即逝，又是莫名的果斷。相比浪擲陽光的夏至，大自然似乎在尋求一種平衡，以兼愛赤道南北的人們，滿足南北極點體驗極晝的需要。這樣的小站，停靠也罷，不停也罷，生命的列車終要向前。

　　我選擇了停靠，為了補給，為了更為悠遠的長鳴。

　　回首身後的軌道，才會明白生命中的幾多榮耀，幾多愧怍。置身寧靜的車站，才會體味生命中的幾多歡喜，幾多憂愁。遠眺大地的盡頭，才會充實洪流中的幾多力量，幾多豪邁。車站是我們自己的。需要變道麼？扳道工是我們自己。需要補水麼？

　　補給員是我們自己。輪盤需要檢修麼？我們用鐵錘敲擊著鋼樑鐵柱，激蕩起的，是生命的強音。有了車站，我們學會審視；有了車站，我們平靜心境；有了車站，我們將過去的點點滴滴、林林總

總歷數，將曾經的風風雨雨、揮揮灑灑珍藏；有了車站，我們邁開更穩健的步伐，扎扎實實，轟轟烈烈。

生命的車站沒有道別又揮淚、擁抱再跟跑的惜別，沒有焦急的期待，沒有望眼欲穿的浪漫或現實。它彷彿一座庭院，庭院深深，深情款款，款步徐徐。生命的車站不僅在冬至，人生處處有車站，心靈時時會停靠。我們無法傾訴停靠時的那份坦然，甚至是無奈。但我們知道，在這樣的車站停靠，當獲取停靠的補給，停靠的收穫。

停靠就停靠吧，停靠成太史公的忍辱負重，停靠成文天祥的寧死不屈，停靠成「夜闌臥聽風吹雨」的思索，停靠成「黃沙百戰穿金甲」的壯美，曠世奇美，美不勝收。

車站恰似一個磁場，心靈的羅盤在這裡感應強烈；車站恰似一枝狼毫，生命的宣紙在這裡再度鋪就。至於冬至的磁場，一極夜久路漫漫，一極日長飛絮輕；至於生命的詩篇，一抹直的、曲的紛爭，一抹濃的、淡的抗衡。只是在這個車站，我們堅信，這一定是一個非同尋常的生命歷程。除了抵達歲月的目的地，我們別無選擇。

我自知，倘使生命的歷程中缺失了幾個車站，這個世界不會改變什麼；但我自信，因為有了車站，因為有了自己，世界將更加精彩。車站已然成為精神的樂章，吟之不盡，繼之以歌舞。

這精神，是旗幟，它擁有代代相傳、古今相送的魅力和魔力，將先哲的思考、今人的責任維繫在一起。

這精神，是典籍，它擁有絢爛多姿、浩瀚博大的內涵和底蘊，使昨日的滄海、今日的桑田交相輝映。

這精神，是生命的延伸，它鼓舞著一切在這裡停靠的列車，駛向歲月的豐收果園，那裡碩果累累，那裡柿紅橘黃。

當暮雪紛揚時，當秋雨飄灑時，當晨風微拂時，當星雲遊移

時，車站的月臺旁，汽笛鳴響了。

二〇〇六年十二月二十二日冬至這一天，陳曦跟老師同學長途跋涉前往木瀆中學參加江蘇省第三屆「中學生與社會」的現場作文大賽。一路上透過車窗，由北到南看著不斷變換的冬日景象，他陷入了沉思。當賽場上面對車站這個作文賽題時，他頭腦中一下子想到了昨天──冬至日在車上的所見所思，於是欣然命筆，一氣呵成。果然獲得此次作文大賽現場決賽特等獎。車站，一個熟識而真切的字眼，一個匆促而喧囂的存在。來來往往，靠靠停停之中有紛繁的物象，有濃郁的情思。其廣闊的寫作腹地為參賽學生提供了盡情施展才華的空間。越是這樣，越能看出審題立意的高下。陳曦同學沒有受實物的限制，而是把冬至這一天比作季節的車站，進而寫到生命，把車站比作人生旅途中的停靠點，可以讓你感受文化的叩問、精神的激勵和責任的維繫。這樣的行文立意，其高遠的識見、深弘的思索已讓此文在芸芸凡眾之中脫穎而出了。作者在賽後這樣感言：「睿智者不知可否，庸常者未知可否，遠行者已知可否。與其說是這一次大賽，不如說這是一方舞臺；與其說這是一種競爭，不如說這是一個課堂。至少，她告訴了我遠行的意義。賽場壯闊，遙想沙場點兵；情愫流露，不過妙手偶得。或許這又是一個車站，回味了該回味的，珍藏了該珍藏的，又一段征程，赫然眼前。我又一次拉響生命列車的長鳴。」為文意先行，為文意為上，是哉，斯言。

張長松

兩顆行星的交談

龔曉萌

江蘇省海州高級中學二〇〇八屆
對一切美好的事物感興趣，喜愛攝影、旅行、美食、聊天、閱讀、寫作……
把每一種愛好都當成自己的朋友，因此，我從不寂寞。
畢業於山東大學外國語學院。

　　記得有位作家曾用「兩顆行星的交談」喻指泰戈爾和愛因斯坦的友誼，作者認為這兩位巨匠的交談是理智與情感的碰撞，科學與藝術的交融，是兩個世界的親密接觸，從而這兩顆行星輝映著智慧與真理的光芒。然而，隨著時間的流逝，現在我好像又看到另兩顆行星在交會時閃耀著不一般的光芒！

　　前幾天我無意間看到一篇文章〈致賈平凹〉，是三毛所作。在又一次的巧合中，我看到一篇〈哭三毛〉，是賈平凹所作。在不同的時刻品讀這兩篇文章時，每次都被沒有準備好的感動叩問心靈，不期然地有種衝動，一種想深知賈平凹與三毛之間故事的衝動，他們的故事定然會是用淚水與歎息交織的，我猜想。帶著些許莫名的期待，我上網查了一番。其結果並沒有讓我失望。他們共同告訴我：「生命的輪迴，原來是清晰可見的。」

　　有人說，三毛是個喜歡四處流浪，喜歡擺弄點文字的怪女子，至於她的自縊身亡，留給世人的是不盡的餘韻思索。她的父親這樣說她：「我女兒常說，生命不在於長短，而在於是否痛快的活過。」母親說：「在我這個母親的眼中，她非常平凡，不過是我的孩子而已，我確知，她沒有迴避她的命運，她勇敢地面對人生。」作家司馬中原這麼評價三毛：「讀三毛的作品，發現一個由生命所創造的

世界，像開在荒漠裡的繁花，她把生命高高舉在塵俗之上，這是需要靈明的智慧和極大的勇氣的。」在我們驚異於三毛的文采時，更不能忽視的是她的性格、她的命運。

三毛致賈平凹的這封信中，能讀出她對賈平凹的敬重、景仰，而對他的讚歎與款款深情也可見一斑。她說：「您是我極喜愛的大師，感謝您的這支筆，帶給讀者如我，許多個不睡的夜。」「您是個大師級的作家，雖然只看過您的兩本大作，可是反反覆覆，也看了二十遍以上，等於四十本書了。」她真誠謙卑的話語顯現出她對於賈平凹至極的崇拜之情，她還在信中說，渴望在有生之年見到賈平凹這位當代大師。那種至真至誠，那種期許渴望足像個天真的孩子渴望得到個棒棒糖那般純真急切。

賈平凹在未知三毛死亡之前，對於三毛這樣一個女作家，他也寄予很高的評價，他說：「三毛不是美女，一個高挑身子，披著長髮，攜了書和筆漫遊世界的形象，年輕、堅強而又孤獨的三毛對於大陸年輕人的魅力，任何局外人作任何想像和評價都是不過分的。許多年裡，到處逢人說三毛，我就是其中的讀者，藝術靠征服而存在。我企羨著三毛這位真正的作家。」「夜半的孤燈下，我常常翻開她的書，瞧著那一張似乎很苦的臉，遠在天邊，我是無緣等待得到相識面談的。」他對於三毛的認識也是極深的，他也同三毛一樣，渴望有朝一日「相識面談」，這兩位素不相識的作家卻有著相同的心態，而這個小小的要求與渴望卻未得到上天的應允，我很為這份難得的友誼驚歎，更為這份友誼的孤單惋惜。造化不盡如人意，正當賈平凹在欣喜於收到三毛這封信，並即將回信邀請她來西安做客時，三毛死了！三毛自殺了！這個即將被實現的希望在瞬間破滅，一份超越時空的友情也在瞬間灰飛煙滅，上天貪婪地奪走了這份本該唯美的友情。生命，到頭來，真的如此卑微嗎？

賈平凹繼而在〈哭三毛〉中痛苦寫道：「人活著是多麼的不容

易，人死燈滅卻這樣快嗎？」「我和三毛之間相識的緣分只能是在這一種神秘的境界中嗎？」「三毛是死了，不死的是她的書，是她的魅力！」對於三毛的死，我們無從理解，是她完全理解了人生，是她完成了她活著要貢獻的那一份藝術，是太孤獨，還是別的原因？我無從知曉，但僅因三毛的死，因一條生命的流逝，我想知道：生命的高度到底在哪兒呢？是卑微中的堅強還是堅強中的孤獨守候？

　　兩位作家不經意間流逝的緣分令我唏噓不已，彼此在人海茫茫中找到知音卻難以相識相見相知，難以享受人世間聖潔的友誼，這是種怎樣的悲哀？這對活著的人又是種怎樣的點醒？

　　他們正如兩顆行星，在千萬年間難得相距最近，可也只能回眸一望，無法相碰無法相靠，有如兩條平行線無法相交，這又是怎樣不一般的光芒啊！

　　題目極佳，耐人尋味！把三毛和賈平凹比喻為兩顆行星，真是再恰當不過了。在文學的天空，二人都散發著各自的光和熱，運行在各自的文學軌跡之中。在宇宙星空之中，每一顆星球或許都是孤獨的吧，因此兩顆行星的交會就特別可貴，在交會的那它們找到了理解和肯定。作者在文中作了大量的引用，引用雖多卻句句精當，耐人尋味。
作者在讚歎兩位作家真摯友誼的同時也發出了自己的追問：「我想知道：生命的高度到底在哪兒呢？是卑微中的堅強還是堅強中的孤獨守候？」這一追問值得我們每個人去深思。

　　　　　　　　　　　　　　　　　　　　　　　周豔

生命的音符

徐雪純

江蘇省東海高級中學二〇一〇屆
在與人類和自我的相處中，逐漸找到自己的方向，不走人人嚮往的繁華之路，
我只不過是要去往我夢想的地方。現就讀於北京大學。

不是戰士，卻日日夜夜在戰鬥；不是作家，卻無時不在書寫奇跡；不是巨人，卻到達難以逾越的高峰；不是教師，卻教育了一代少年；不是樂手，卻奏出了生命的最強音！他，就是「答案」——艾弗森！

他，是一部傳奇。

他，是一個時代。

他，是一篇樂章。

Do

一九七五年六月七日，在美國維吉尼亞州漢普頓的一個貧民窟裡，一個叫安妮·艾弗森的女子經過了生產的劇痛，產下了一個黑人嬰兒——阿倫·艾弗森。就是在這滿是污水和槍殺的貧民窟裡，艾弗森開始了他的一生，開始了他人生偉大樂章的奏響。

具有運動天賦的艾弗森，首先在美式足球領域體現了價值，幾次率領校隊奪得冠軍。因為身材不高，艾弗森無數次摔倒在賽場上，但他只有一個信念：摔倒再站起來！摔倒再站起來！！摔倒再站起來！！！

不久，在一個叫托尼的教練的引導下，艾弗森第一次接觸了籃球。很快，母親安妮發現了兒子的籃球天賦，於是她不止一次地告

訴艾弗森：要想離開污水，離開槍聲，你沒有選擇，你只有籃球。

So

一九九六年，是艾弗森生命中的重要轉折，也是他人生樂章中最美妙的轉音：他以狀元的身份在這一年的美國籃球職業聯盟選秀中被費城七十六人隊選中。從此，艾弗森開始了他絢麗的美國籃球職業聯盟生涯。

剛進入美國籃球職業聯盟，艾弗森一句自信的「我可以單挑喬丹」被人認為是不自量力，這個小個子引起了人們的反感。然而當他以新秀全明星最有價值球員和最佳新秀球員身份結束這一賽季的時候，當他真的可以晃過喬丹，在喬丹身後命中籃筐的時候，當他一次又一次獲得常規賽最有價值球員和得分王的時候，沒有人再懷疑，他們驚呼：艾弗森時代來臨！

Si

樂曲進入高潮，艾弗森來到丹佛。在這白雪覆蓋的高原城市，已過而立之年的小艾又一次吸引了所有人的目光。依舊犀利的突破，依舊華麗的腳步，依舊精彩的上籃，不一樣的是身上的黑衣變成了藍袍，是身邊的伊哥達拉變成了年輕有為的安東尼，是勝少負多的戰績來了個乾坤的扭轉。是的，艾弗森啟動了掘金，掘金給了艾弗森重生的機會。

是命中註定？是人為因素？艾弗森將在雪域高原重整衣裝，再上征途。

#＠￥＆！……

二○○八賽季落下帷幕，艾弗森止步季後賽第一輪，不需要遺憾，不需要悲傷，只是他的球隊太過年輕。而艾弗森身上存在著太多的不可想像，誰會知道，在今後的生命裡，永不服輸的艾弗森將再創造怎樣的奇跡，將再彈奏出怎樣震撼人心的音符！

此文是徐雪純在高一期末考試全市統考時所寫的高分作文。她是個思維活躍、愛好廣泛的女生，尤其喜歡看體育比賽，可以說出每支球隊的名字和它們所在的城市，以及球隊的大牌明星。所以，在作文中，她也充分展示了自己的愛好。當然，徐雪純寫艾弗森並沒有停留在他的籃球技術上，而是扣住題目「生命的音符」中的「生命」二字，深入挖掘人物在生命歷程中的精神、品格，寫出了深度。此外，本文構思比較巧妙，按照生命起始到生命高潮的不同階段，巧妙選擇低音到高音的不同音符作為小標題，結構有起有收，有分有合，顯示了作者很強的駕馭能力。

桂榮

面對突發事件

劉子寧

江蘇省東台中學二〇一二屆
二〇一〇年二月獲「九九杯」第十二屆全國「新概念」作文大賽一等獎。
是一個愛看小說的理科生，現就讀於中國農業大學。

正是盛夏，懸鈴木滴翠的葉掌在傍晚的光明海上盡情展開，瑟瑟地在光波的浪花上翻湧。

枝葉的濃蔭下，不緊不慢地迴響起竹竿的得得聲，一個女丐，一手緊捏住一隻銹蝕的杯子邊沿，一手握住一根細細的竹竿，她的眼睛蓋著一層陰冪，這是一個盲女。她的破碎衣角被一隻小小的手捉著——她的女兒，這稚小的天真的女孩子，有三四歲光景，黑黃的小臉，蓬鬆乾枯的髮辮，穿著一件顯然是掏空了棉花的小襖罩，她整個是灰暗的，唯有她那雙翦水明眸，乍注即釋，癡慧躁靜皆現，惹人憐愛。女孩子伴她的母親走著，默默地忍受著行人目光的憐憫或厭惡。

女丐在路旁停下，慢慢蹲身放下杯子，隨後她艱難地跪下來，跪在那滾燙的水泥地上了！我停下來注視著，內心被揪緊了，然而那女孩子，非但沒有跪下，而是俯在她恥辱的母親身旁，伸出手撥著女丐蓬亂的頭髮。

女丐輕輕撫摩著女孩子單薄的肩。

大概因著那女孩子的緣故，她們身旁立即聚了很多人，甚至有幾個與她一般大的孩子，有一個手裡執著一隻竹編的蚱蜢，女孩子的目光不離不著，落在那普通的玩具上，玩具的主人鼓起嘴得意地

笑著，舉起蚱蜢的竹竿，蚱蜢震顫著欲飛了，女孩子卻轉開了目光，跑到一旁拾起幾片懸鈴木碧綠的葉片，把持著跑到她母親身旁，將頭輕偎在她女丐肩上。

人群中有人切切道：

「這孩子還小哪！」

「這麼小，當媽的又看不見，怎麼過活啊？」

「可憐，可憐！」

女丐只是低著頭跪著，不作一聲。

我走過去，將錢幣放入杯中時，女丐深深彎下腰，嘴裡含糊不清地說著什麼，我抬頭看了看她女兒，她沒看我，也沒看那討錢的杯子，只是垂著頭將葉片擺出美麗的圖案，世界於她，是無論丐求的，有的只是天真，有的只是自然。

人群裡突然發出一聲驚叫，彷彿水裡投入一顆石子，濺得人們慌亂地散開了。

一個學生模樣的孩子，騎著電瓶車，突然撞入了人群，他慌張地掉轉車頭，不想那車竟斜向女丐的方向直撞而來了。

女丐聽見人群驚叫，臉上露出驚駭，同時她迅速地向女兒的方向撲過去，張開雙臂，抱住女兒攬入懷中，躬下身來用身子圍住女兒，抽出一隻胳膊護住女兒的頭部，女孩子卻泥鰍一樣從母親的胳臂下方鑽出母親的懷抱，吃力地舉起母親的竹竿，為著她的母親勇敢地和失控的電瓶車決鬥了。

女丐感覺到孩子的掙脫，儘管對這突發的事件一無所知，卻緊張地俯下身，在地上爬行摸索，終於觸到女兒的腳踝，茫然固執地想將女兒拉入懷中，張開胳臂，如同一隻母雞護住她的雛兒。

女兒不顧母親的焦急，只是緊握著竹竿，擋在母親的前面。她有些兒髒的稚氣的小臉上，現出警覺堅毅的神情，薄薄的嘴唇緊緊抿著，儼然是她母親無畏的保護者。

電瓶車從母女倆身旁擦過，撞在了路邊的護欄上。

散開的人群，又重新聚攏來，幫忙扶起車，指責學生的不小心，嚷嚷地喧鬧著。

我回頭看了看那小小的女戰士，她擲下了竹竿任由她的母親將她攬在懷中。

女丐緊張地摸索著檢查女兒的身體，從沾著草屑的頭髮到露著腳趾的鞋子，臉上漸漸柔和下來，她撫著女孩子的頭髮，抬起頭，嘴唇輕微地開闔著，彷若作著最真摯的感謝。

黃昏柔靄的離光從懸鈴木的葉隙裡吻著女孩子的衣衫。

小妹妹！你身上所披著的，不是襤褸的丐衣，是三月的花蕾綴成的鎧甲，它因著愛的賦予，閃耀著最無畏也是最溫柔的榮光，將芬芳秘密地帶給人間。

母親摸索著找到地上的竹竿，慢慢地站立起來，得得聲又在馬路上響起了，母親緊握住女兒的手。

我相信，我相信，如果春水細密的漣漪有其源頭，如果秋月溫柔的清光有其歸所，那麼，便在母親粗糙的手與女兒細弱的小手緊握的指縫之間。

面對突發事件，任何人只剩下無措，然而一個無措的靈魂，最易不期而至地走回生命的本真，觸摸到心靈深處最珍貴的東西。

此刻，唯有愛，才能指引盲眼的母親張開她的身心的羽翼，義無反顧地護住她的孩子；唯有愛，才能賜予懵懂的孩子無畏的力量，舉起哪怕是最簡陋的武器，保衛她的母親。

黃昏卷起光帆，駛向落日的口岸，懸鈴木的濃陰，又深了一層，軟風邁著輕悄的腳步，伴這對母女慢慢行走遠去，遠了，遠了……

作者抓拍的是生活中的一個非常感人的場景。一對以乞討為生的母女，在突發事件降臨時表現得卻是那樣的勇敢、鎮定，那樣的義無反顧！愛的力量就是這樣的偉大！文筆細膩，讓人能「觸摸到心靈深處最珍貴的東西」；前面描寫母女二人乞討的場景與後文形成強烈對比，讓我們逐步感受到她們的可憐、可愛、可敬！這是來自底層的光芒，因此更能讓我們感動。行文中，作者注意把生活的觀察與自己的心理感受融合起來寫，又讓我們感受到作者身兼善天下的人格和溫婉的心靈。

王兆平、胥照方

勇於放下

周琪

江蘇省灌南高級中學二〇一二屆

陽光、帥氣，喜歡抬杠，愛鑽牛角尖，擅長和同學辯論。

現就讀於四川大學。

當衝破內心的屏障，勇敢地喊出那個字後，我放下了所謂的自尊和虛榮，得到的是滿滿的幸福和愛。

看見你拎著一箱牛奶和一小袋水果站在教學樓下，我望瞭望四周，發現沒有同學後，疾步走到你的面前，卻沒有停下，你跟著我來到學校的操場邊，我又四周望瞭望，確信沒有同學後，走到你旁邊：「有事嗎？」

「沒事，就是你媽讓我帶點吃的給你，說你學習累。」

「哦，知道了，那你回去吧，我在學校挺好的。」

「那你……」

「好了，知道了，我會照顧好自己的，你回去吧，一會兒有同學來了。」

「哦。」你放下東西，「我和你媽都很牽掛你。」你看了我一眼，轉身走了。

看著有點駝背的你，穿著洗得發白的黃大褂，一彎一彎地走遠時，我多麼的想說：「爸，您騎慢一點。」然而就這麼一句普通的關心的話，剛提到嗓子眼，就被我那可憐的虛榮給咽回去了。

那是一個深秋的下午，天氣十分的冷，我在教室凍得直打哆嗦。寒風呼呼地吹著，彷彿要將人們迅速帶到寒冷的冬天。

下課鈴響，蜷縮著身體以求獲取點溫暖，可不管用。我雙手抱在胸前，又走出教室，以獲取太陽的光輝。就在這時，我遠遠地看見一個人站在路邊，不停地跺著他那穿著單鞋的雙腳，一陣寒風吹過，他又緊緊地縮著自己的身體，用嘴一個勁地哈著熱氣，想給已凍僵的雙手一點溫暖，而那雙已經凍僵的雙手緊緊地握著一件棉襖。

我瘋了似的衝向你，壓抑了太多的悔恨和愧疚瞬間擊破了我的心理屏障，眼淚像決堤的洪水湧出了我的眼眶，在滿是同學的路上，我大聲地喊了句：「爸！」你聽見了，一轉身看見了我，笑得像個孩子，卻也一笑白了頭。

你要走的時候，我說：「爸，就在食堂和我一起吃完飯再回去吧！」

你憨憨地笑了：「不了，你媽還在家等著呢，回去晚了她不放心！」

「那您慢慢騎車，天冷，注意多穿點衣服！」

勇敢地放下那一點點可憐的自尊，放下那一點點可笑的虛榮，那麼，我們得到的將是滿滿的幸福和愛。

勇於放下，偏正短語，文章非常切題。首先，文章開門見山，明確了放下的是「可憐的自尊」和「可笑的虛榮」；其次，文中兩次「望瞭望四周」，兩次「發現沒有同學」後，才問了父親「有事嗎？」，傳神細膩的表現了自己「可憐的自尊」和「可笑的虛榮」，但作者並不是不關心父親，只是「關心的話，剛提到嗓子眼，就被我那可憐的虛榮給咽回去了」，這些描寫緊扣勇於，體現「放下」的不易。

這是一篇考場作文，在有限的時間內大膽剖析自己的靈魂，關注自己內心的成長與成熟，實屬難得。

劉建華

穿越

霍雨佳

江蘇省贛榆高級中學二〇一三屆
愛好拉小提琴，喜愛繪畫，文學對於她彷彿是前行道路上孤注一擲的關口，
只想在文學的道路上清風穆然望天明。現就讀於西安外國語大學。

「那裡有大片大片翻滾著的金色麥田，傾斜著的湛藍色天空，飽滿得像木棉花一樣的雲朵。」每次讀到這裡，我都彷彿看見在春光明媚的蘇格蘭鄉下，有著矢車菊味道的陽光鋪滿整個房間，鵝毛筆與厚紙張輕輕摩擦，桌旁的咖啡輕嫋地散著熱氣，你正寫著──《奧蘭多》。維吉尼亞‧伍爾芙，你這位終生在愛與死之間徘徊的天才，你的思想交織著深刻的靈魂與錯亂。

很多人不能理解你為什麼偏執地留在蘇格蘭鄉下，你本可以過著錦衣玉食的生活。或許，只有你自己知道，人生百味，各有自己的味道，「人這一生，死亡帶不走任何東西」。最終，在穿越了塵世的喧囂之後，你留下了《奧蘭多》。一如愛爾蘭詩人葉芝所說：「在與我自己的衝突中，我寫下了詩。我常思索，穿越了紛繁的世界，最終的困惑是什麼？」我想，並不是身處境況的暗流湧動，不是流淌著金錢氣息的人際關係，也不是觥籌交錯的物欲橫流。而是面對自己、面對世界，一次次地思考、掙扎、衝突直至釋然解脫。在這個過程中，表達自我成為最深刻的主題，時刻堅守著自己內心身處的清醒與素淨，一份簡單與純淨。

這是維吉尼亞‧伍爾芙人生的穿越，執著地留下穿越路途的腳印，展示於後來者。在蘇格蘭鄉村，你堅定地完成了自己，完成了

0
8
0

作品，在不斷掙扎、痛苦、表達、解脫中尋找著自己和自己存在的方式。我想，在你離我們而去的一那，你勇敢地完成了自我表達的方式，抵達了自己心靈的鄉村。

米蘭·昆德拉在《卡列寧的微笑》中寫道：另一幅畫面在我的腦海裡出現，尼采正從都靈的一家旅店出來，他看見門口有一匹馬，車夫正用鞭子在抽打。尼采走到跟前，不顧眼前的車夫，一把抱住馬的脖子，大聲哭起來。

這是一八八九年的事，尼采早已遠離了凡塵，換言之，尼采人生的穿越就是那一刻完成的。這件事賦予他的行為以深刻的意義，尼采是為笛卡爾向馬道歉的，就在他為馬悲痛的瞬間，他的精神受到了刺激，他因而與這個社會徹底決裂。

我喜歡的就是這個尼采。一本《查拉圖斯特拉如是說》，是他表達自己內心意志的方式。超人思想、權力意志、悲劇美學、公民意識，人的覺醒燦然生輝。尼采多病，一生坎坷，面對那個他為之失望的世界，他憤怒地叫喊、鞭撻、拷問，這位詩人型的哲學家，身上最終形成了一種自我表達，他對人生俗世的穿越，一本《朝霞》定格在了歷史的洪流之中，任流水的侵蝕，跨越永無止境的昨天與今天，也不曾黯然失色。

或許，人生倥傯百年，彈指一揮，無所謂完成，紛紛行過了。哲學的最終表達，終極表現在詩化的一切藝術之中，如何穿越這紛紛擾擾的塵世，回歸和抵達自我內心的素淨，也將是這個世界的難題。當我發現蘭波的《醉舟》、紀德的《窄門》，乃至各種文學、哲學作品中昭示的問題最終都指向這個終極的拷問：在這天地之間，萬物洪湧之中，我是誰？我如何穿越這人海表達自己的所思所悟，還有自己的悲欣交融？

那麼，他們，究竟在為藝術而藝術，還是為人生而穿越？有時這兩條路之間無法找到折中的路。是的，他們總在與自己鬥爭，在

對世界的不滿中艱難地尋找自己的表達，而所有偉大的藝術家最終都會為人生而熱忱生活，都會為一場遙遠的抵達謙遜地服從內心深處的自我素淨與堅守。

　　一場遙遠的艱難的精神穿越，我們所能夠抵達的，不僅僅是心靈的鄉村。

「穿越」既可以實寫也可以虛寫，可以寫時間也可以寫空間，本文緊扣「穿越」行文，作者把著眼點放到幾位外國作家的身上，從維吉尼亞・伍爾芙到尼采再到蘭波、紀德等等，作者以這些經典作家及其作品架構全文，最後總結出「所有偉大的藝術家最終都會為人生而熱忱生活，都會為一場遙遠的抵達謙遜地服從內心深處的自我素淨與堅守」。作者立論有識，筆力好，見地深，既有語言的厚重，又有思考的深度，顯示出較高的文學素養和廣闊的知識視野，情感細膩，文筆暢達。

李銳

再向前跨一步

吳佳佳

江蘇省新海高級中學二〇一二屆
文靜沉默的女孩，在嘰嘰喳喳的一堆女生中，沒有什麼炫目的衣飾，
一本書就讓她沉醉，以全市文科第十名的成績考入南京大學。

少年的心有些忐忑。

即便已歷盡滄桑，仍有些畏懼。眼中是那個炫目的舞臺，心中已多少次描摹自己登臺的場景。只是，此時的他躲在人群中不肯邁步。他懂，自己離那舞臺也只一步。

拿到入場券之後的少年，欣喜之餘，更多的是茫然，是畏懼。該以怎樣的裝束去面對那些挑剔的目光？那個禮貌的紳士，是深藏不露？那個傲慢的富人，真的誠心接納了自己？那個小個子的武士，同自己的先人打過交道，自己會不會仍遭受欺凌？

不，自己絕對不會像先人那樣軟弱無能了。幸虧，有一些平民朋友友好地對待自己。

他的先人自古以來就以崇尚交流著稱於世，與人為善，講求君子之道。他也努力沿著先人的路，在聚會之中獲得一席之地。即便他努力，善意地對待別人，可總有人挑他的刺，找他的茬，一會兒說他是偽善，心機頗深，一會兒說他是暴發戶嘴臉，妄圖進入上流社會。那些流言，那些明槍，那些暗箭，他都容忍了，先人教會他，海納百川，有容乃大。他竭力澄清事實，可因為彼此性質的不同，上層人士仍有人對他抱有成見。

舞臺是他們的，自己怎麼登場？

儘管只是一步，少年卻覺著有些遙遠。但內心深處的渴望，被認知接納的渴望在呼喊：「再向前跨一步吧，只差這一步呀！」

少年憧憬著。先人曾是這個舞臺的焦點，先人用深厚的內涵折服了他人。但先人過於自信，終在舞臺上漸漸隱退，被別人取代。少年未曾見過先人在舞臺上意氣風發的樣子，卻得以從發黃的書頁上窺見那段歷史。先人的輝煌歷程只是煙塵，風一吹，就散了。而此時，是自己，只有靠自己才能書寫自己的篇章。又是遙遠的呼喊：「再向前跨一步吧！」

那些畏懼迷茫已不復存在，少年的心中只有對未來的憧憬，想要在舞臺上感觸先人的心跳。他，如心所呼，堅定地邁出了那一步。

燈光之下，意氣風發的少年。舞臺之外的人們，有驚訝，有喜悅，有嫉妒。對於不善的目光，少年已然無畏。因為，跨出了這一步，少年的眼中，是百轉千回之後所見的風光。

記住，少年的名字叫中國，舞臺的名字叫世界。

閱卷過程中，快速瀏覽一下開頭，感覺又是一篇平淡的編故事的作文而已，剛要給個普通的分數時，忽然看到了點睛的結尾，讓人眼前一亮。

少年渴望去登臺展示，但心懷忐忑，猶豫不決，因為在流言蜚語、明槍暗箭中成長的他渴望去試一試身手，況且更有先人輝煌的感召，當今蔑視眼光的刺激……作者以細膩的筆觸工筆描摹著少年再向前跨一步登臺之前的心理活動，纖毫突顯，動人心魄。讀到篇末，恍然發現作者是以少年喻中國，以舞臺喻世界，頓覺作者化大入小，筆筆動人。平淡中寓電光驚雷，境界高遠；尺牘中容縱橫歲月，立意非凡。

張長松

讓生命站立成樹

張貝爾

江蘇省常熟中學二〇一二屆
非典型工科女，愛被文字充盈的生活，享受在筆端發現生活不同的切面。
現就讀於南京大學。

　　每次去外婆家，我都會順道去看看住在隔壁的譚爺爺。

　　同外婆一樣，退休前，譚爺爺也是疾病防疫中心的醫生，和血吸蟲病打了一輩子交道。到了晚年，他仍不忘舊業，家中的書櫃裡放滿了各類醫書，然而，他總笑言自己做得遠遠不夠。譚爺爺鍾情於花草，家門口有一個專屬於他的小花壇，一切都親自打理。我從小在外婆身邊長大，小時候每逢家中無人，我便會被寄放在譚爺爺家。由於四個兒女都陸續出國，譚爺爺便待我更好了，把我當成自己的小孫女。每每踏入他的家門，他都會立馬從書海中抬起頭，「囡囡、囡囡」地喚我到跟前，或讓我嘗嘗他老伴做的小點心，或讓我陪他下一盤圍棋，或拿出畫板帶我去花壇寫生。雖已年至耄耋，但他仍精神矍鑠，瘦削的背永遠挺得筆直，讓我想起花壇裡那兩棵老樟樹。

　　忙裡偷閒的周日下午，我踏上了久違的前往外婆家的路。剛走近社區大門，映入眼簾的竟是張明黃刺眼的訃告。我無暇顧及，沒有為此停留，心中卻沒來由地苦澀起來。

　　剛進外婆家，還沒閒聊上兩三句，外婆就喚我隨她進了書房。她拿了一幅裝裱好的水墨畫，我更不解了，茫然地望著她。「譚爺爺送你的。」外婆握住我的手，頓了頓道：「最後的禮物。」我頓時

啞然，呆呆地定在那裡，而後飛似的跑回社區門口，那訃告上一筆一畫的冰冷的內容將我最後一點懷疑都變為了無用的掙扎。

腦中一片空白，唯有那幅水墨畫變得格外清晰。那是個春日的清晨，窗外的香樟被著上流動的綠色，譚爺爺攤開一張宣紙，告訴我要把窗外之景變到窗內。我滿懷期待地看著他調色勾勒，卻只見他細細勾描著盤根錯節的樹根。我撇了撇嘴，歪著頭問他畫些根鬚何用，譚爺爺提起筆輕輕一笑，遠眺著窗外的樟樹：「沒有這些，如何站立成樹？」及言罷，又細細畫完了樹根，而後再補完了樟樹的幹枝葉，果然，樹挺拔的靈魂也躍然紙上了，而樹根最後均被後面畫上的泥地土石覆蓋住，再也看不出來了。

我悵然向回走去，兩邊的樟樹也靜默著，投下陰鬱的影。我敲開譚爺爺家的門，應門的是譚奶奶，她欲開口卻又什麼都沒說，只招呼我坐下。環顧四周，幾乎沒有什麼變化，只是廳堂的正中多了一張譚爺爺微笑著的遺像，還有——猛抬頭間，我竟看到一張遺體捐贈的證書。

我默然良久，又徐徐地笑了，我想這該是他懸壺一生對病者最後的奉獻了吧。腦海中傳來三毛在撒哈拉的低吟：「如果有來生，要做一棵樹，站成永恆，一半在塵土裡安詳，一半在風裡飛揚……向西逐退殘陽，向北喚醒芬芳。」

選材上樟樹的形象和譚爺爺的形象相互映襯，很好地切合了題意；故事敘述有多處伏筆，使得譚爺爺送水墨畫和捐贈遺體的決定都在情理之中。譚爺爺的形象就是在寫作者這樣的娓娓敘述中愈顯豐滿起來。文末，那擺在廳堂的遺體捐贈證書更使得譚爺爺的形象高大無比。

華國平

控制

潘宇飛

江蘇省南菁高級中學二〇一三屆

高中前不善寫作，在高中語文老師指導下開始熱愛閱讀，

掌握了一些重要寫作技法，每週堅持寫作並與恩師探討，時常有滿意之作。

現考入中國藥科大學。

「一個人最難戰勝的不是別人，而是自己。」這條真理想必誰都知曉。而在繁亂紛擾的現代社會，隨著世界的大流，人人都急著投入一場轟轟烈烈的人生浩歌中，多少人被迷失得不知所蹤。面對生活中的大小事，能做到很好地控制自己的情感，才能戰勝自己，戰勝生活。

「古之立大事者，不惟有超世之才，亦必有堅忍不拔之志。」這些人之所以成為偉人，想必他們每個人都有著極強的控制力。在失敗時控制自己的傷感，拾起勇氣；在成功時，控制過度的喜悅，一路前行；面對別人的嘲笑，控制憤怒，一往無前……在人生的每一個關卡，他們都能控制喜怒哀樂，給人生的每個階段都畫上一個完整的句號。

回望歷史長河，那些偉人身上都彰顯著控制克己的魅力。有「士可殺不可辱」的士大夫；有不為五斗米折腰的陶淵明；有自我放逐，對權貴嗤之以鼻的竹林七賢；更有為正義而犧牲的俄國貴族……他們的感人事蹟都在告誡我們：控制自己的情感欲念，不管世界如何改變，也要堅持自我，不為所動。

然而，高速化的現代社會以排山倒海之勢向人們襲來，有多少不知所措之人被捲入其中！微博控，蘋果控，沙發控……我不禁感

慨，這樣一些小小的欲念就能將人活活生生禁錮住，人的高貴從何談起？想到那個在故宮銅缸上刻字的梁齊齊，憤怒他素質低下的同時，我也為現代人克制力的缺失而心寒。

所以，從今天起做個精神貴族吧！學會控制自己的感情，讓自己看清人生之路。

我們不妨學學楊絳先生，他已逾百歲。一個人能經歷人生喜怒哀樂、愛恨情愁，健康地踏過一百多個春秋是很不容易的，從做錢家媳婦的諸事含忍，到國難中的忍生活之苦，以及在名利面前深自斂抑，「甘當一個零」，楊絳先生善於控制內心，淡然處世，忍生活之苦，保存天真，最終讓他的生活如此幸福。

佛語有云，心隨境轉是凡夫，境隨心轉是聖人。學會控制並不是要讓你成為衛道士，而是要讓你成為清心寡欲、淡然處世的精神貴族。

控制是南京市「三模」的一道作文題。本文首先明確控制的物件，即每個人自己的情感，這種切近題目的方法值得學習。它能保證我們準確入題，能保證我們寫作過程中有明確的目標，而不至於泛泛而談。作者的立意也有一定的高度。一是關注到了社會現實，在正面談到控制情感的意義之後，從社會現實入手，「微博控，蘋果控，沙發控……」現實中，人們的情緒情感自覺不自覺地失控了！二是關注到了精神建設。作者呼籲人們控制自己的情感，做精神的貴族！更為難得的是作者的辯證的眼光——「學會控制並不是要讓你成為衛道士，而是要讓你成為清心寡欲、淡然處世的精神貴族」。一個高中生能有這樣的見地，讓人佩服！

高海華

第一步

史佳民

江蘇省海安高級中學二○一二屆
溫煦和婉，喜歡在文字中表達內心的安定。
現就讀於南京醫科大學。

她是我所見穿旗袍的女子裡，最別致的一個。

也許你一直認為，穿旗袍的女子她的眉眼應溫潤靈動，她的脖頸應纖秀頎長，她的腰肢應在輕削中起伏一份豐潤……

而這些，她都沒有。她年逾古稀，雙鬢斑白。她擁有的，只有一個人生信條：把生命裡的每一步，都當做第一步。

她擁有一間小小的作坊，接受旗袍的定制。她手藝精湛，嫋娜精緻的成衣已製好掛作一排：圓領無領竹葉領水滴領，對襟開襟琵琶襟鳳仙襟的旗袍，散發著古典韻致的清香。花紋也是多樣的，茉莉芙蓉粉色薔薇，都在旗袍的衣擺處姣好地開著。

而她，從來只穿牡丹款的。

牡丹的美，從來是富貴雍容的。她已年邁，卻依舊將大朵繁盛的牡丹綴於胸前，款款移步。那一刻，她彷彿從不曾老去，時光凝滯在她身上。

「您老真是越活越年輕啊！」人們不禁讚道。「老了，老了，有什麼辦法，不過把剩下的每一天當做第一天，每一步當做第一步罷嘍！」她的神情頗有些驕傲，衣擺處的盛期牡丹不遺餘力地高貴地盛開著。

我於是成了她小作坊裡的常客。那些印花棉布、金玉緞、古香

緞、綢緞的料子堆砌著雅致的時光。我們不多言語，周璇的《四季歌》在昏黃的角落略帶沙啞的唱著。老人的後園種了許多牡丹，她這樣鍾愛著這花兒。

一日風起，老人絮絮念叨著：「牡丹要落花了。」便扯著我疾疾地去看。

我終於目睹了一次壯大的消亡：一陣風吹過，大朵的盛期牡丹突然整朵整朵地跌落，像被奉上祭壇的大鳥脫落的華麗羽毛般，嬌嫩的花瓣落了一地。牡丹沒有花謝花敗之時，要麼爍於枝頭，要麼歸於塵土。即使死亡也要奉上華麗的舞蹈。

老人的聲音在耳畔響起：「這不是牡丹的最後一步麼？可她卻把它當做生命的第一步精彩地走完。」

我回頭望她，風中，她的髮髻依舊整齊，用精緻的銀簪斜斜插入，彷彿還是年輕時少女的模樣。

也終於明白，委頓消弭是一步路，精彩紛呈也是一步路。她的生命已然無聲逝去，剩下這一步，何不走出第一步的華采絢爛呢？

我站定，腳下這一步，儼然成為生命的第一步了。

題目看似具體，寫起來實則有一定的難度。但作者「化實為虛」，把一個動作行為引申為生命各階段都要當做生命的第一步。

更妙的是，作者通過描述一個別致的女子——一個生活中不平凡的普通人，在「年逾古稀，雙鬢斑白」時，穿著牡丹款的旗袍，「越活越年輕」，種植的牡丹花「即使死亡也要奉上華麗的舞蹈」，引發了「我」人生中「委頓消弭是一步路精彩紛呈也是一步路」、「何不走出第一步的華采絢爛」的沉思和感悟。

眾知，審題立意要會化虛實、化大小。也要注意表現出自己對

人情的關注，要有生命的質感，從而體現出高尚的文品。

陳海燕

品

非典型性理科女，學習勤奮，低調認真，喜愛動漫、閱讀和寫作。
喜歡文風細緻而情懷大氣的作家和作品，最理想的宅基地是圖書館。

「品」在《現代漢語詞典》中有多種含義：

體味，如品味，品嘗；

評論好壞，按照一定的等級衡量，如品鑒，品評；

品質，例如我們可以體味的人生苦難，滄桑，也可以品味文學經典，音樂經典。

以「品」為題寫一篇不少於八百字的文章，文體不限。

《菜根譚》道：「醲肥辛甘非真味，真味只是淡。」靜悄悄地走到高三的最後一程，我依舊不知這一段共同努力過的歲月是苦，是甜，還是淡。那麼，且讓我在這滴露的早晨為您沏上一杯清茶，邀您一起品味這一程時光吧。

茶入水中，三分釀成了苦澀，隨著那一脈煙霧嫋嫋升起。

高二暑假快結束的一個夜晚，我站在公寓樓頂，看遠處萬家燈火明明滅滅，輕輕地說：「嗨，高三，我來了。」我來了，來接受無數次「東方未明，顛倒衣裳」的夙興夜寐，來接受我的和我們的被橙黃色燈光映亮的夜晚，來接受喜悅的和悲傷的一次次跌倒和站起。王小波說，那是我一生的黃金時代，我想愛，想吃，還想在一瞬間變成天上半明半暗的雲。可是想畢竟是想，看見高高的書堆後

0
9
2

筆尖上的成長：名師帶你讀作文　卷一·上冊

那疲憊的雙眼，看見那雪花一般送走又飛來的試卷。高三，我品嘗的，是一段難以忘卻的清苦。

茶浸水中，旋轉升騰，葉子們舒伸緩轉，隨著琥珀色的茶水回風流雪，漸漸飽滿。

紀念冊裡面，一個同學寫著，真正的強者不是敢於做喜歡的事的人，而是敢於喜歡上做不喜歡事情的人。這句話，一半是無奈，一半卻是成長。十八歲的枝頭是葳蕤的綠，然而它還沒有開出明麗的紅，深沉的紫。十八歲的肩膀還不夠堅強，而高三這一段路，是對我們最好的磨煉和獎賞。想想，這一年，儘管也有過脆弱體味過彷徨，可是這樣誠懇的、信仰般的努力，這樣第一次直面夢想時熱血的奮鬥，是在苦澀中藏著的決然與成長。高三，我品嘗的，是一份難以言說的激勵和幸福。

茶臥水底，寧靜溫婉，是默默幽香，悄然在空氣中綻放。

冰心說，愛在左，情在右，走在生命之路的兩旁，隨時播種隨時開花，使穿枝拂葉的行人，踏著荊棘，不覺痛苦，有淚可落，卻不是悲涼。細數高三，我訝然發現曾經遙遙盼望的「刑滿釋放」的日子真正到來時，我們更多的卻是依戀和不捨。我想念那些寫著我們志願的粉色紙條，想念它們被小心地黏到黑板上連綴成一片彩色的雲霞，想念那個活潑快樂的元旦晚會，想念那天我們又唱又跳笑得臉頰通紅……好吧，即便曾經的日子有太多的猶豫彷徨太多的挫折沮喪，那畢竟是一程耐讀的，品質優秀的時光。我們流淚，我們歡笑，我們成長。高三，我品嘗的，是一段難以割捨的青春和希望。

也許它是苦的，但算不算是一份滲進了幽香的苦澀？

也許它是平淡的，但是不是一份蘊含了壯麗的平淡？

品味它，感受它，欣賞它，如一盞新沏的茶。多年後我們再想起它，我們會停住腳步，我們會流出淚水，我們會笑靨如花。

謀篇佈局頗似《沉香屑》（張愛玲），以品高三生活立意，因為身在其中，容易寫出真情實感，本文作為一篇應試之作，殊為不易。

高考對絕大多數中國孩子來說，是一場「青春的戰役」，高強度的題海訓練，患得患失的「一模」、「二模」，無盡無休的夜車大戰，身在高三，不能不「品」，不可不「品」。

以「茶入水中」入話，頗雅，一葉乾茶，於沸水中煎熬，舒展開來，茶香滿室，過程暗合高考前後的「魚龍之化」，故行文結構水到渠成，自然合理。

古人云：「文以意為主，意猶帥也」。又說：「故作文一篇，定有一篇之主腦，主腦也，即立意之本意也」。信然！

王曉青

他們

吳涵

江蘇省如皋中學二〇一三屆
文靜善良,愛好文學。二〇一三年以四百零四分,
位列江蘇省理科七十六名,現考入北京大學。

作文題目:

閱讀下面材料,按要求作文。

山石對卵石說:我才是真正的石頭。你看我體膚糙礪,稜角分明,血性方剛,我們才能構成雄壯的大山,凝成挺拔的峰巒,展現自然的粗獷。

卵石對山石說:經年累月,水蝕砂磨,我體膚平滑,肌理瑩潤,雖已脫胎換骨,不還是石頭嗎?脫離了大山,我卻有機會走進人間,裝點人們的生活。

要求:選擇一個角度構思作文,自主確定立意,確定文體,確定標題;不要脫離材料內容及含意的範圍作文,不要套作,不得抄襲。

他在人群中看見他羨慕而又充滿祝福的眼神,點了點頭。今天,是他離家上學前的最後一天,整個山村的人都擠在了他家小小的院子裡。

他從一層一層人牆的縫隙間擠進去,看著他身上的新衣,皺了皺眉:「記得回來給村裡孩子們上課,我等你,你可答應過的。」

「知道。」他回答得如同上一次一樣爽快。而他卻依舊皺了眉,又擠出了人群。

四年。四年裡，他勤勤懇懇地擔負起大大小小孩子們的學習，依舊穿著學生時代的陳舊衣裳，與朝霞為伴，走著濕滑露重的山路，直到星光璀璨，才拖著疲憊的雙腿，踩著棱角分明的山石回家。他站了四年，重複著那些沒有新意的知識，他盼著他回來，帶來大山以外的廣闊世界，學海更深處遨遊的感覺。他答應過會回來的，但他又隱隱懷疑，他是不是不會回來了？

　　他掐著日子，他畢業了吧。可是，到了十月，他還沒有回來。他煩躁地讓孩子們把窗戶關起來：「今年秋天的風怎麼這麼涼！」

　　他還是回來了，只不過晚了三年。這次擠滿小院的人裡沒有了他。人們也不再拍著他的肩說：「好小子！」只是小心地端著他帶回來的酒，看著他西裝革履，聽著他一連聲地說著：「謝謝，謝謝，謝謝你們！」心裡卻不知他謝的是什麼，只敢低頭啜飲杯中酒，卻又嘗不出更多的滋味，於是還是一飲而盡。

　　他去找他，帶著各種新奇的玩意。

　　「怎麼，回來了？」

　　看到他的表情，他手裡的東西忽然重了千斤：「是，晚了些，但我回來了。」

　　他不搭理，看看他挺括的衣，狠狠地皺了眉：「你什麼時候回城裡？」

　　「還沒定呢，不是說……」

　　「你回城裡吧，你看看你，還是我們山裡人嗎？你的血性方剛呢？你的滿腔熱血呢？三年，你在城裡有工作了吧，不必留下來了。」

　　他張了張嘴，看著那扇破舊的門「砰」地關上，又慢慢彈開，卻沒了勇氣把它推開，定定地站了一會兒，才轉身離開。

　　第二天，他便回了城裡，把一隻帶回來的大箱子留下，囑託了給他。挨家挨戶地拜訪，和每一家笑著道別，送了些禮物。然後，

離開。

　　而那只箱子被他閒置，他說看都不想看一眼，噁心。

　　半個月後，忽然有一隊老師來了山裡，疑惑地問他在哪裡，「走了！早走了！」他憤憤地說，卻還是忍不住問了他們是誰。

　　「哦，我們是他的志願團隊的教師，專門來你們這裡教書的。你不知道，他很不容易的，三年來不知道和多少人打交道籌資金才拉起這麼一支隊伍。唉，不簡單啊……」

　　他一怔，卵石原來依舊血氣方剛，只是他不知道。

　　他打開箱子，一本一本嶄新的書。

　　該材料立意的角度是多向的。若從「石頭」的角度，可以有以下立意：①保持本色之美；②追求人生的個性之美；③做人應「稜角分明」，剛直不阿，有骨氣，有氣節等等。若從「卵石」的角度，可以有以下立意：①圓通是人生的一種藝術；②人應在學會與他人、社會的融合中，變得成熟、穩重等等。若結合「山石」「卵石」兩個方面的特點，可以有以下立意：①山石無稜角無以顯壯美，卵石不圓潤無以顯溫柔，它們都在各自的位置上美麗著。每一塊石都有自己的位置，它們都拋棄了平庸，成就了偉大。平凡不是錯，只要活出屬於自己精彩，活出自己個性，生命就有價值；②在保持本色之美、個性之美的同時，學會圓通，宣導融合，提倡和諧；③世界需要多元，水中的石就服務水，山上的石就裝點山。

　　本文體裁可以算是小說，這在考場作文中並不多見，而似本文這樣語言老道，立意深刻的更是少之又少。小說的主題切合材料，文中以兩個「他」來暗喻山石與卵石，山石堅守，而卵石圓通中堅守。文章故事性強，引人入勝，結尾有歐‧亨利式結

尾效果，巧妙地點明瞭主題。前後照應，沒有斧鑿痕跡。描寫
細緻生動，頗見作者功底。

許中山

逼

寇天一

江蘇省新海高級中學二〇一三屆
一直喜歡有靈魂的文字，它猶如山間溪水，
自然而然地從心底叮叮咚咚地流淌出來，清澈而靈性，
樸實而感人，咫尺之間，隨手可觸。現考入河海大學。

晚自習下課後，獨自走在回家的路上，抬頭望著這永遠不會有夜晚的城市，感覺時間快的讓我無法呼吸，步步緊逼，轉眼又是天明。

回到家，書包隨意地擱置在地上，將自己猛地扔到床上，塞上耳機，一遍又一遍地聽著那首熟悉的〈魚〉，「原諒我飛，曾經眷戀太陽……」

高三才剛剛開始兩個多月，緊張的學習生活已經逼迫我放棄了許許多多的愛好，每天只是枯燥地徘徊在書山題海之中，真的好累、好累……

「新買的杭白菊放在茶几上了，拿點泡一泡，喝了可以提提神、醒醒腦。」媽媽這略顯突兀的話打斷了我的抱怨。我胡亂地抓了一小撮，扔入盛滿溫水的茶杯中，攪了攪，灌了一口，「哎喲，又苦又澀。」媽媽顯然被這一聲「驚雷」嚇到，急急忙忙地衝進屋來，奪過茶杯，試了試水溫，笑道：「傻孩子，泡茶怎麼能不用沸水，你等著，我去給你重泡一杯。」

坐在書桌前，用筆不斷地敲打著桌面，我靜靜地等著。

不一會，媽媽端著一杯熱氣騰騰的菊花茶來到我的桌邊，清香四溢。我端過茶杯，望著那花瓣在沸水中翻騰著、搖曳著、起浮

著，慢慢地舒展身姿，再度綻放。輕輕地呷一口，滿口花香。

杭白菊在沸水的逼迫下，才又一次地綻放，花香飄溢，這時，我思緒萬千，這樣，那麼，尋常的人生也能在困難、挫折的逼迫中，熠熠生輝了。

高三的學子，就像那困於囚水的魚兒，嚮往著大海，可是在現實的逼迫下才不甘地拘束於這渾濁的囚水之中，但我們知道只有在多重困窘的逼迫下，方能上演一幕幕如「浴火重生，化繭成蝶」般的輝煌。

一身正氣衝霄漢，著成青史照生寰。司馬遷如此；雖然聽力受損，通過自己的不懈努力，才有那《命運》的唱響，貝多芬如此；韓信、海倫凱勒、霍金，甚至是海明威筆下的桑迪亞哥亦如此。若非一番寒徹骨，怎得梅花撲鼻香？我會衝破這重重的逼迫之門，邁向遠方，我也會浴火重生、化繭成蝶。

我知道你我都是嚮往自由的魚兒，我知道你我都是滿懷著夢想的魚兒，不會甘願囚於這水中，我知道你我都將乘著風浪，衝破這夜色的樊籬，游向那自由的港灣……

茶香，將我的魂拉回到現實，直面逼迫的我，一身輕鬆。

一路茶香飄溢。

題目「逼」屬於獨詞型，其特點是寬泛、具有較大的開放性，但審題時容易無所適從。

不過本文作者卻很高明，審題立意準確而巧妙，由「逼」這個話題想到了「高三生活步步緊逼讓人無法呼吸」，這時媽媽的一杯清香四溢的杭白菊讓我思緒萬千：

尋常人生也能在困難、挫折的逼迫中熠熠生輝。最終直面逼迫的我，一身輕鬆，「浴火重生，化繭成蝶」。這樣就在審題立

意上做到了化小為大，化虛為實，容易深入展開，能夠集中表現一個主旨，避免給人「遍地開花」、「蜻蜓點水」的印象，顯示了作者深厚的寫作基本功。本文樸實而又形象的表達，準確而又精巧的構思，讀後同樣讓人有所感悟，有所振奮。

王新霞

心牢

楊紫涵

江蘇省如皋中學二○一三屆
楊紫涵，執著進取，認真細緻。二○一三年江蘇高考四百零五分，
位列理科前六十名，現考入北京大學。

閱讀下面的材料，按照要求作文。（江蘇徐州市二○一三屆「一模」）

有一天，主人問籠子裡的畫眉鳥：「你想回到大森林去嗎？」

畫眉說：「為什麼呢？我住在籠子裡，吃喝不愁，每天還可以唱唱歌，曬曬太陽。」

主人說：「可是森林裡有美麗的花草、清新的空氣，還有廣闊的天地。」

於是主人打開了籠子，把畫眉放回了森林。

一年以後，主人在森林裡遇見了畫眉鳥。

主人問：「森林裡的生活怎麼樣？」

畫眉說：「好是挺好，就是這籠子太大了，怎麼也飛不到邊兒。」

要求：①選好角度，確定立意，自擬標題；②不要脫離材料內容及含意的範圍作文；③不要套作，不得抄襲；④除詩歌外，文體不限。不少於八百字。

真是為那隻畫眉感到悲哀。它飛出了鐵制的牢籠，卻擺脫不了心靈的牢籠，任由內心限制著自己，空誤自然美景，徒留一身疲

憶。

　　內心的限制如同一座座隱形的牢籠，悄悄地將一顆顆原本自由的心束縛。「不以規矩，不能成方圓」本是塑造完善的人格的金科玉律，卻因人性的膽怯懦弱而成為了扼殺創意和靈感的可怕魔咒。在模糊認知的迷惑下，在傳統思想的薰陶下，在一次次因勇敢嘗試而流血受傷的經驗的告誡下，人們心甘情願地為心畫了個窄窄的圈，名為保護圈，實為無形牢。

　　牢裡的心巴望著牢外的風景，卻不敢出界，其實，只需勇敢地跨出牢籠，生活充滿精彩。

　　為了突破內心的限制，我們應對模糊的認知抱有一探空間的好奇與追根究底的決心。模糊的認知使我們對未知區域充滿了恐懼與避讓，讓探索生活的心靈不敢涉足。因此，只有鼓起勇氣、堅定不移地對未知探個究竟，我們才有可能為心牢卸下一把鎖。

　　如今，司空見慣的閃電曾被無知的人們理解為「上帝的震怒」，於是，對閃電的躲避大大限制了人們的生活，直至佛蘭克林通過科學手段將閃電引到自己的小屋，研究後發現閃電只不過是自然的物理現象，世人的心理戒備才終於放下。佛蘭克林對未知探了個究竟，以真相突破了限制。古人云：知己知彼，百戰不殆。只有對內心懼怕的物件了熟於心，我們才可能鼓起勇氣逃出心牢。

　　黑格爾有言：熟知即非真知。看似荒謬，其實鞭辟入裡。傳統的、為人們所熟知的「真理」無形中加築了心靈的牢籠，使人們變得循規蹈矩。為了動搖心牢的根基，我們需要質疑的聲音。

　　亞里斯多德「重物落得快」的理論曾為人熟知且深信不疑，直至伽利略用比薩斜塔上的實驗對權威質疑，人們才突破權威對心靈形成的限制。人們總以為傳統的、權威的便是正確的，因此從未用質疑來為心靈開闢一條正確的道路。而敢於質疑，敢於讓自己的靈感與世界碰撞，碰撞產生的火花才有可能照亮我們逃離心牢的道

路。

　　但心靈的最可悲之處並不是無知或囿於常規，而是明知可做、應做，卻因為害怕世俗的眼光而畏縮、躲避，用無為的處世之道將自己束縛。哲人說：天才知道該放下什麼。我們也許不是天才，但懂得放下，為心靈除去多餘的我們會感受到更多的美好。

　　近年來愈演愈烈的「扶老人」事件無疑為世人的心又多加了一道限制，對世俗眼光的車讓我們在良心面前左右為難。其實，放下世俗的顧慮，遵從心靈的指引，用關愛消融人心的堅冰，我們便能成功逃脫心牢的束縛，感受世界的美好。

　　真是為高斯感到慶幸。他沒有被「百年難題」束縛住心靈，無知無畏地用才智將其攻破，逃脫了心牢的限制。勇敢地跨出心牢，讓自由的心領略廣闊的風景。

　　該材料的立意是多方面的：從畫眉鳥的角度，可以寫「內心的限制是最大的束縛」、「打破慣性思維」、「適應新環境」等；從主人的角度，可以寫「主觀願望與客觀實際」；從主人與畫眉鳥的關係角度，可以表現「放手與導引」等。

　　小作者善於分析材料，審題準確。畫眉鳥已習慣於有形的籠子，面對自由的大森林，仍然覺得生活在籠子中。通過有形無形的對比，可以確定「內心的限制是最大的束縛」的立意。另外，抓住材料中的關鍵句「我住在籠子裡，吃喝不愁，每天還可以唱唱歌，曬曬太陽」、「好是挺好，就是這籠子太大了，怎麼也飛不到邊兒」同樣可以準確立意。本文緊緊圍繞「突破心靈的牢籠」展開論述，切合題意。

　　第二個特色是層次清晰。第一段點題：擺脫不了心靈的牢籠，任由內心限制著自己。第二段解釋什麼是心牢，並分析形成心

牢的三個原因。第三段至最後，分別對應三個原因論證如何突破心牢，即「鼓起勇氣、堅定不移地對未知探個究竟」，「動搖心牢的根基，我們需要質疑的聲音」，「放下世俗的顧慮，遵從心靈的指引，成功逃脫心牢的束縛，感受世界的美好」。層次分明，但不機械，而是渾然一體。

第三個特點是語言富有質感，有韻味，有力量。如：「空誤自然美景，徒留一身疲憊」，「內心的限制如同一座座隱形的牢籠，悄悄地將一顆顆原本自由的心束縛」，「『不以規矩，不能成方圓』本是塑造完善的人格的金科玉律，卻因人性的膽怯懦弱而成為了扼殺創意和靈感的可怕魔咒」等等。

許中山

定格

吳怡慧

江蘇省贛榆高級中學二〇一二屆
興趣是音樂、旅遊、讀書、運動。熱愛一切真善美的事物。
目前就讀於南京師範大學。

　　我喜歡在充滿溫情的下午，手捧一杯溫暖的香茗，斜倚在書房的窗臺旁翻看泛黃的相冊，斜斜夕陽映照的照片，是歲月沉澱的定格。

　　黑白照片靜靜地躺在相冊一隅品味自己的悲和喜，我偏偏喜歡這些已經模糊、略帶黴斑的黑白照。一張照片就是一段歷史，一段歷史被光與影定格為靜止的故事，故事中的陳年舊事串聯成奔流不息的歷史長河。

　　相冊的首頁，是姥姥的童年生活照。那還是在解放戰爭年代，人民生活困苦，姥姥家是地主，所以有較好的條件拍照留念。照片中的她僵硬的拉著夥伴的手，而她的夥伴則顯得緊張，手不自然地別在背後，瞪大了眼睛，有些害怕的神情。姥姥說，她的小夥伴第一次照相，看到攝影師拿著複雜大型的攝影工具，嚇得不知所措。「哢嚓」，而後攝影師從用黑布蒙住的匣子中伸出頭來，露出滿意的驕傲的表情，於是歷史就被定格，定格為一段年代的記憶。

　　我總會感歎，照相機真是神奇的發明。時間是無聲無形的，在我們一呼一吸的喘息中溜走，但在鏡頭中，時間卻是可以被定格的畫面，留住的是我們在人世的記憶。

　　隨著科技的發展，彩色照片取代了黑白照片。印象中的照相就

如同過節一樣「隆重」。媽媽會拿出漂亮的衣服讓全家換上，然後拿出口紅在我的眉毛間點上「美人痣」，一切準備就緒後，全家才興高采烈地向照相館走去。在鏡頭前，每個人都努力做出自己練習多次的微笑，雖然機械，但卻發自內心。因為要讓自己最美的形象定格，每個人都會將鼻子、眼睛、嘴巴擺在合適的位置，組成和諧的笑臉。「哢嚓」，隨著閃光燈的迅速閃爍，幸福生活被定格，小小的我還在回憶剛才閃爍的瞬間是否眨了眼，一陣懊悔讓我倍加珍惜照相的機會。

而今，家庭中普遍擁有了數碼相機，有了它就可以便捷地編輯照片，可以錄影，於是照相應經不是稀奇的事情了，它成為生活的組成部分，記錄著我們的生活。相冊的後面，是我家的生活照，有媽媽的洗衣背影，我偷拍爸爸的抽煙照片……洋溢著恬淡的生活氣息。我可以用數碼相機隨時隨地地拍攝，將一幅幅生活畫面定格為繽紛的記憶。

照相機將時間定格，於是照片成為立體的可以觸摸的歷史。它定格著一個個滄桑的年代，定格著一段段兒時美好的回憶，定格著一幅幅真摯的生活畫面。心田氤氳著濃濃的茶香，打開被歷史定格的一頁頁，映入眼簾的，是巨大的時間轉軸，蕩漾心間的，是那一張張敘說時代發展的歲月定格。

這是一篇競賽作文，一般同學短時間內難以把握住其準確含義。定格是動作的 那間凝結，顯示宛若雕塑的靜態美，用以突出或渲染某一場面、某種神態、某個細節等。

作者選點準確，用照片這一為人熟知的事物入題，可謂恰到好處。而且，作者的定格還有時空跨度，祖孫三代的「定格」各有不同，這是對不同年代歷史的重播，既是不同的記憶，也是

不同年代生活的寫照。正如作者所說，「滄桑的年代」，「美好的回憶」，「一幅幅真摯的生活畫面」，述說歷史的同時也展現了作者對親情的珍愛。

臧文淑

控制

慕童

西安交通大學蘇州附屬中學二〇一三屆

這個詩意的名字源於山水中騎牛的牧童，被寄予期望如那些孩子一般自在快樂。

曾有人對我說，擁有詩意的名字就會有詩意的人生。考入南京審計大學。

　　我家隔壁租住著一對中年夫妻，男的老實本分，女的潑辣又不講理。兩人在社區外的路邊門面做煙酒生意，鄰里誰不知她不講理？大家便都有些怨懟地喊她老闆娘。我始終在控制著自己忍讓她，當她把自家門上的傳單扔在我家門口，當她週末請朋友到家中喝酒喧嘩擾民，當她大清早在樓道裡咆哮罵丈夫……

　　我控制著自己，在她們家吵得不可開交影響四鄰時，我只是打電話給物業公司，謊稱是樓下的居民，投訴她！我總不能和這樣的女人一般見識！

　　這一次，我心愛的狗丟了！媽媽只是帶著我的金毛犬在社區裡散步，遇見熟人聊了幾句，一轉眼它就不見了！找遍了社區的草叢和樓道都沒有。

　　我和媽媽到物業公司看社區裡的監控錄影，我急得渾身發抖。我們到物業時，那個「老闆娘」正和物業人員糾纏停車位一事，死活想要把半年的車位租金去掉零頭，一見到我們，她竟然沉默住，慌裡慌張逃也似的走了。

　　那段監控令我至今難忘！我的愛犬徘徊在一樓的樓道，盯著電梯門，它按不到按鈕！緊接著，老闆娘出現，摸著它的頭把它帶進電梯。

我幾乎一頭栽倒！我的狗被她帶回家了！我怕她此時已經在喝狗肉湯了！我知道她一定做得出來！

我再也控制不住自己了！我狠狠甩開物業的大門，衝向她家！我一定要給她點顏色看看！那個沒有人性的大蟲！任憑媽媽拉我拽我，我一切都顧不得了！等電梯上樓時，我怕了。我怕我心愛的狗狗被她佔有被她傷害。我終於疲軟下來，我又一次無能地控制著自己。

叮！電梯門一開，我真切地聞到了肉香！我腿都軟了。我奔出去，老闆娘家的大門敞開著，我聽見她的大嗓門說：「這肉香啊！你可多吃點！」我控制著即將崩盤的情緒，聽天由命地走進她的房門。眼前的景象又一次讓我驚呆了，我的狗虛弱地伏在地上，而那個女人舉著大骨頭在餵它吃！她正想媽媽看著我時那樣用如水的目光注視著我的狗，一邊摸著它的鬃毛。我衝上前抱住我的狗，淚奪眶而出。「喲！這是你家的狗？我想著餵了它再帶它出去找找主人，它太虛弱了！」此時我的狗失蹤已經五個小時。

「阿姨……」我第一次這樣叫她。她很是不好意思連說對不起，剛才在物業，怕是又給我們留下不好的印象了……她說：「我是個粗人，你們原諒我！」

此時，我慶幸剛才好在控制住自己，沒有破門大罵，否則，不是傷人傷己嗎？原來，一直以來我的控制隱忍都是值得的，在最後關頭，我控制著情緒竟讓我收穫了一份意外的鄰里友誼，化解了誤會而不是將關係推向毀滅的深淵。

我想，當我不瞭解一個人或一件事，還是控制自我比較好，徹底的自我控制讓人收穫意外的美麗。

這篇文章是慕童同學在模考考場完成的一篇命題為《控制》的佳作。文章內容寫的是比較常見的鄰里關係，但慕童同學處理的非常好，選擇一個焦點：小狗走丟；選擇一個鮮明的形象：說話聲音大愛吵吵的「粗人」；選擇兩個誤會：監控裡電梯裡情景，打開電梯門聽到「這肉真香啊」。作為記敘文，情理事相結合，妙不妙在事選的典型不典型，寫的是否真實吸引人，這一點文章做到了情節轉變合理；情事理結合，真不真在情的抒發誠懇不誠懇，這篇文章「我」的心理描寫更是表現了對人物由怨懟到喜歡的情感，情感變化隨情節的轉變合理恰當。文章還學習了小說的寫法，蓄勢張力，最後突轉。文章結尾理得昇華雖顯單薄，但也反應了作者對生活的感悟和思考。最後要說一點，文章以第一人稱來寫，近乎口語化的表達使文章更具有一種幽默味道。

高妙霞

以苦為樂

楊孟喬

江蘇省新海高級中學二○一三屆
清秀沉靜，善於思考，喜歡用個性化的文字抒寫心情。
現考入北京師範大學。

席慕容曾說，人生是一條未知的河。時間有無數的風景，而我，有不老的心情。

不知何時，生活罩上了一層霧霾，如同北京的天氣一般令人心生乏力與煩躁，似乎一切都是苦澀的。我開始不再醉心於或美麗或搖曳的沿途風光，只是抱怨生活的坎坷與上蒼的不公。失去了積極樂觀的心態的我總也舒展不開那緊鎖的眉頭。

直至那日，外公逼我喝下他鍾愛的苦丁茶。外公為我沏了茶，我望著那黑色鐵棒槌一般的苦丁在滾燙的熱水中慢慢舒展開身子，像無力的浮萍，在激流漩渦中打著旋。不一會兒，苦丁像是倦了，困了，越加傾斜，緩緩地扶住杯壁，一跌一滑地徹底鋪滿了杯底。我被清新淡雅的茶香引誘，輕呷一口，那苦苦的感覺從嘴巴傳至全身，苦得我麻了，苦得我木了，我在一瞬間好像明白了外公的用意。

落日餘暉中，聽著竹葉簌簌的聲響，聽著風敲打窗子的聲音，看晚霞滿天仍遮不住的笑臉，這次第有風有聲有色有香縈繞在一起，交織成了恬靜飄逸的田園景致。可這終究不是生活原有的模樣。生活如苦丁般苦澀。當皓齒間附著飄逸的茶香，人才會清醒，苦，才是生活。當朱唇沾上苦苦的味道，人們才懂得什麼是真正的

人生。當長滿舌苔的舌頭與苦丁交織成朋友，人生才會進入以苦為樂的境界。

人生之河，註定不會風平浪靜、一帆風順。充滿艱險與阻礙，才是生命的真諦。以苦為樂，才能化險為夷。樂觀的心態，是生命中不可缺少的樂章。選擇了樂觀的心態，便進入與苦丁為伴的生活，進入了以苦為樂的境界，才會真正享受未知的沿途的風景。

木秀於林，風必摧之。佛說，苦海無涯，回頭是岸。我說，人生就應該經歷這般無涯的苦海，才會真正領悟到以苦為樂的高尚，才會通曉掌控苦海上隨風飄蕩的扁舟的唯一方法——樂觀。

所幸，我結識了苦丁這位摯友，讓我用樂觀的心態擊敗那片塵封已久的霧霾。生命如梭，有太多的時光任君擷取；歲月如歌，有太多的坎坷聽憑取捨。以苦為樂，用樂觀的心態面對風雨飄搖，快樂地體驗屬於自己的與眾不同的伊豆迷人酒窩大道。

我不禁抿了一口苦丁茶，苦到極致，反而有了一絲甜意。

本文是材料作文，所給材料是：兩個旅行團在伊豆半島上旅遊，一個導遊在不停道歉，說路不好；另一個導遊卻說，這是有名的伊豆酒窩大道，請大家盡情享受刺激。面對同一個客觀的不利條件，有的人能夠換一種心態來看，從而讓生活中充滿了陽光。小作者即為此類之人，抓住以苦為樂切入，選取苦丁茶這一客觀載體，闡明一個道理：苦是生活的常態，只要改變心態以苦為樂，就能品味出生活的甜來。

小作者眼光敏銳，立意抓得非常準確，語言有優勢，所以文章得分較高。

周宜智

珍藏美好

楊鑫

江蘇省東台中學二〇〇八屆
楊鑫（右一戴帽者），九〇後第一網路雜誌《銀世》文字總監。
全國新概念作文大賽、「創新杯」作文大賽一等獎獲得者。
畢業於中山大學。

在晨曦初露前，鄉村的夜屬於藍色。夜睡了一宿，最先醒來的是灶旁的燈光。湊近了看，木門的縫隙中露泄著一圈又一圈的水氣，是母親在煮菜粥。我做的美好的夢裡總有母親那忙碌的背影，劈劈啪啪柴火的聲音，還有那一碗熱氣騰騰的菜粥。

父親從田地裡回來，帶回在雞場奮鬥了一夜的黃狗，露水在父親的頭髮上，眉毛上，手臂上。在渾身冒著熱氣的狗的鼻尖上。我們一家三口便在這時候齊齊地坐在門檻沿上，和鄰居們嘮著各樣的家常。

父親吃菜粥很有意思。先是用筷子在碗的邊緣抹兩下，然後用手摀著碗呼一口氣，接著再重複下去。我便學著父親的樣子，於是我們三人呼出的氣便悠悠地飄著，飄到一起合成一個大大的圓圈。這確是我的童年最美好的記憶了。

菜粥算是鄉下最常見不過的粥了。只要昨日剩下些菜湯菜葉，母親一定會讓一家人捧上幾碗菜粥。碎的葉，晶瑩的米粒，若是再下幾個米團恐怕就可以叫個「白玉翡翠」的名兒了。零星的油花映照出生活的美好。

珍藏美好，我所說的美好就是一碗菜粥，和父親母親一起，坐在門沿上，一起喝粥的美好情景。

離開家，到遠方求學。母親也隨我一同離開了家。當我提出要喝菜粥時，她毫不猶豫地就應允了。可是這粥喝到嘴裡卻全然沒有了滋味。母親的手藝不會變差，而我卻沒有了品味的閒情。我的心裡珍藏的只有菜粥的味道嗎？我想是缺了什麼，缺了父親滋滋喝粥的聲音，缺了醒來時劈啪的柴火聲，缺了冬日裡溫暖的灶台，也缺了一種心平氣和的態度。

離家之後，才發現珍藏的美好就是家的溫暖。筆中寫下的是對父親的想念，對家的懷念，眼前浮現的則是一幕又一幕家的圖景。是父親用他沾著露珠的手撫過我的臉頰，把美好的夢變成現實。

舌頭忘不了菜粥的香味，心裡則裝載了家的味道。循著這味道，即使離家再遠，都能找到回家的路，都不會覺得茫然迷惘。

童年那美好的夢已經不能再現，然而心中珍藏的美好，就像那一碗菜粥一樣，永遠營養著多情的靈魂。

這是一篇非常典型的考場作文。第一，化大為小，就「珍藏美好」給我們寫了一個小家的一碗菜粥的故事，卻又借小寓大，一碗菜粥表現的是人間至純至真的親情鄉情和生活的美好。第二細節傳神，寫人寫狗都活靈活現，父親吃粥的模樣，冒著熱氣的小狗，惟妙惟肖，那「三人呼出的氣便悠悠地飄著，飄到一起合成一個大大的圓圈。」特別有韻味，寫出人物的精氣神，文章的主旨得以有力彰顯。第三，巧妙點題。開頭的「美好的夢」中間的「這確是我的童年最美好的記憶了。」結尾的「才發現珍藏的美好就是家的溫暖」，表現作者非同一般的思維穿插力和純熟的文字功力。

王兆平 胥照方

CHAPTER **03**

真情實感

感人心者，莫先乎情
——談如何表現真情實感

江蘇省東台中學 王兆平、胥照方
（王兆平：教授級中學高級教師；胥照方：江蘇省中學語文高級教師）

文章不是無情物。正基於此，二〇〇一年開始全國及各省高考作文的評分標準無一例外在基礎等級裡增加了「感情真摯」這一要求。這是作文最基本的要求，卻又是寫作的最高境界。以動人的情感去感動閱卷老師，讓他們「不給高分也難」（何永康）。所謂「真情實感」，是指真摯的情感，實在的感受。真情，當發自內心，真實而真誠；實感，當源乎思考，不矯揉造作，不虛與委蛇。心繫天下，憂國憂民。疾惡如仇，激濁揚清。努力接地氣，匯聚正能量，使人的心靈受到美的陶冶，做事為文都能夠自覺的以真善美為基準。

一、選材貼近生活

選材是寫好作文的第一要務。從選擇的物件來看，首先，我們強調真實性，要選取真實的材料。一篇文章，如果材料失真，只能給人一種虛假的感覺，根本不可能使人感動。近年來發現考生一些考生為博同情得高分，不惜編造，如家裡父母離婚、死亡，自己殘疾之類的假情節；還有的考生動輒編造一些離奇荒誕的故事，如星球大戰、未來世界等。編造的東西是難以寫出真情的。那些老掉牙的人們熟悉的材料雖然真

實，但也不宜入文，不能像往年一樣，為數不少的學生不約而同地選擇了「狼來了」的故事來表達自己對「誠信」的理解。單調熟悉的材料會降低讀者體會文章情感的興趣。

其次，我們強調生活化，要善於從生活中找素材。選擇那些曾經經歷過的或者最熟悉的情感素材來寫，如父子情、母女情、兄弟情、同學情等。身邊的人和事、現實的生活、現實的世界，才是作文的源頭活水。高考作文正是考查學生觀察生活、積累生活、感受生活、認識生活、反映生活的能力，所以高三的學生千萬別忘了關注生活、關注時代、重視人生體驗，用自己的眼睛發現生活的可貴之處，用自己的筆去抒寫自我的真實感受。

從程度方面來說，可以寫溫情、熱情、激情等等；從類屬方面來說，可以寫親情、友情、愛情等等。要把文章寫得激動人心，要使文章具有較強的情感衝擊力，在選材時還要注意以下幾點：

（1）要寫那些人人都能感知、體會的人之常情。情感雖然是一種說不清、道不明的內在感覺，但是「人同此心，情同此理」，這就是情感具有可體驗性的生理、心理基礎。有許多情感內容是人們共有的，共通的。傳達這樣的情感，就會激起別人的共鳴，就會使人感動。

（2）要寫那種超出常規的強烈的反常合道的情感。有時候，人物的所作所為與一般的人不一樣，似乎不大正常，但這種反常的行為中往往包含著強烈的情感。這種情感具有很強的衝擊力，往往給人留下難以忘懷的印象。

二、表達多樣靈活

要寫出情感真摯的文章，僅僅有真切而深刻的情感是不夠的，還要善於運用多種表達方式和技巧。比如：

借景抒情。情和景的結合往往能增強文章的感染力。如《項脊軒志》中有這麼一段有情之景，「庭有枇杷樹，吾妻死之年所手植也，今已亭亭如蓋矣。」在這裡以枇杷樹之繁茂寫出妻死室壞的寂寥黯淡。在高考作文中，考生若也能這樣飽蘸深情的描繪出一種境界，將閱卷老師帶入有情之境，自然能博得高分。

托物言情。表情達意講究個含蓄，這其中寄情於物不失為一種有效的方法。這樣的文章不是空洞的在寫情，而是把自己的情感寄予在一些具體可感的事物（景物）之上，從而使文章具有一種形象美、含蓄的美、蘊藉的美。古人是很懂得運用這種方法的，像歐陽修的《秋聲賦》、周敦頤的《愛蓮說》等，都是令人百讀不厭的作品。二〇一二江蘇卷「憂與愛」中一考生的傾訴：「你（梧桐）離開了南京，從此沒人和我說話。」看到這般傷感的留言，眼眶終不由得有些潤濕，對這個城市的憂與愛自然湧上心頭。

細節傳情。真實細膩的細節描寫，向來就是動人情思的。如二〇〇一年高考滿分作文〈赤兔之死〉中的赤兔馬的哀嘶、歎息、哭泣，這一個個動作傳神的描繪出了赤兔馬的赤膽忠心。

三、情感見其波瀾

情感要能產生振盪和分化。文似看山不喜平，那種一覽無餘的、直線發展的情感，缺少回環蘊藉的美感，很難使人產生情感的激盪。因此，在描述情感的時候，要儘量展示情感的曲折和波瀾，一步一步把讀者引入情感的漩渦。文章中設置一些懸念、誤會、情感衝突，不僅有利於增加文章的可讀性，一定程度上也有利於情感的表達，因為懸念、誤會、衝突等是最易揪住讀者之心，撩撥讀者之情的，他們在尋求懸念的真相、誤會的冰釋、衝突的化解的閱讀中，自然使得文章要表達情感逐

步得到強化，從而在心中留下較為深刻的印記。尺水興波，方顯抒發情感之本色。

突轉起波瀾。林經理以前老是誇兒子老實、懂事、乖巧。這個學期兒子上初中了，公司的業務也越來越忙，不知怎麼回事，兒子竟然不聽話了。才三個月，他就被老師「請」了三回：第一次跟同學打架，第二次晚自習曠課，第三次拒絕值日。每次教育兒子，兒子又表現得很聽話：「爸，下次我不會了。」林經理便寬寬心，回公司去了。

沒想這次，老師又打電話過來了：林林故意砸壞了班上的花盆。把兒子領回家，他再也忍不住，狠狠心給了一巴掌：「你怎麼說話不算數？屢教不改！」……

文章就此寫下去一般思路是「順理成章」地父子二人的如何尖銳對立，但這樣寫出來的文章就只能算那種一開頭就讓人能看到結局的一般的文章，轉一下，卻別有洞天：

兒子哭了，說：「爸，我其實不想這樣……我就是想見你……你天天忙生意，家裡很久都見不到你，我……就是想見你！」(二〇〇二全國卷《心靈的選擇》)只此一轉，一個平常的故事一下子給人不平常的感覺。不僅如此，人物的個性從文字裡一下子跳到我們的面前，人物形象一下子豐滿了許多，文章的主旨也由此別開生面，給人以強烈的震撼。

誤會生波瀾。伊莉娜的弟弟佛萊特伴著她的丈夫巴布到非洲打獵。不久，她在家裡接獲弟弟的電報：「巴布獵獅身死。——佛萊特。」

伊莉薇娜悲不自勝，回電給弟弟：「運屍回家。」三星期後，從非洲運來了一個大包裹，裡面是一個獅屍。她又趕緊發了一個電報：「獅收到。弟誤，請寄回巴布屍。」很快得到了非洲的回電：「無誤，巴布在獅腹內。——佛萊特。」(《獵獅》)

作者利用事件本身的曲折性、複雜性，巧借電文之誤會在一篇百十來字的文章裡掀起三個波瀾，真可謂匠心獨運。

懸念與波瀾。有人寫了這樣一篇微型小說：「地球上最後一個人獨自坐在房間裡，這時忽然響起了敲門聲……」小說雖短，卻能使讀者心中產生無數問號，生出無數的懸念。再如二〇一一江蘇卷滿分作文《好奇心》：

為什麼？兩個人都長年紀了，相距不過幾米的屋子，有什麼必要隔幾分鐘就喊一下？

每次去奶奶家，這件事總是會勾起我的好奇心。

……

是奶奶悶嗎？沒有人說話？那她為什麼只喊一下而不是和爺爺嘮嗑呢？

喊爺爺做什麼呢？還這麼不停地喊？

文章所以成功，最主要的原因還在於它情節引人入勝，而這一點正在於作者在構思時運用了懸念之法，將讀者的心弦牢牢把握住了。

誠然，情感真實的前提是「真」，是「實」。但是「真」而不「善」，「實」而不「美」，卻是寫作的大忌。問渠哪得清如許，為有源頭活水來。但就寫作而言，我們必須強調它是一個藝術創作的過程，必須有寫作者的思考與加工，我們必須在如何「表現」情感上痛下工夫，才能真正放飛真情實感，使活水而有「天光雲影共徘徊」的至善至美的意境。

生病的日子

曹夢梅

江蘇省東台中學二〇〇九屆
總是活在上世紀三十年代的八九後的奇葩白領，
對校園生活懷了不可言說的溫愛和眷戀，現就讀於中國傳媒大學。

當我醒來的時候，第一眼就看到哭紅了眼的母親，正一遍遍呼喚著我的名字，正如十五年前我來到世上一樣……

——題記

近來病得不輕，每天都要吊水吃藥。母親捧著我日漸浮腫的手，數著一塊又一塊的青斑，一個又一個的針眼，輕聲地歎息。到後來，手上已找不到筋脈，一瓶水要戳好幾針才會進血管。每到這時候，我都背過臉，看著我身邊的母親，從她臉上的神情判斷針是否進了血管。

每次抽血化驗，看那暗紅的血液溢滿整個注射筒，母親的嘴唇總在顫抖，我知道病痛在我身上，而心痛卻以千倍、萬倍的力量折磨著母親的心。大年初一，是一年中最快樂、最喜氣洋洋的日子。我吐了一天，幾乎吃什麼吐什麼，一點食物吃下去，不到一分鐘便原封不動地吐出來，直到我筋疲力盡，幾乎要癱下去。我躺在床上蜷縮在被子裡，緊緊抱住自己冰冷的身軀，我用我僅存的一點精力保持清醒。我不敢睡，我害怕我睡過去，便不會醒來。小時候聽祖母說，大年初一無論如何不能哭，如果哭了，那是會哭一年的。我強忍住快要流出來的淚水，縮在被子裡，直到深夜。抬眼間，才發

現窗外，母親一動不動地盯著床上的我，卻早已淚流滿面……

那天，母親送我到學校，剛剛離開不久就昏倒了。只覺得眼前一黑，然後就像睡著了一般……當我醒來的時候，第一眼就看到了哭紅了眼的母親，正一遍遍地呼喚著我的名字，正如十五年前我來到這個世上一樣。我很想安慰悲慟的母親，但嘴張了張，什麼也沒說出來。我艱難地伸出手，摸摸母親冰涼的前額，眼淚霎時間溢出，再也抑制不住。我雖沒有親見母親心急如火燎地往醫院裡趕，但我是可以想像得出的。母親從來就將我看得很重，比自己重要千倍萬倍。我對母親笑了，因為我明白，笑容，只有笑容才能寬慰母親久久懸著的心。我分明看見兩行清淚從母親紅紅的眼眶中流下，滴落在沒有扣起的外套上……

不敢告訴母親我很疼，而是用微笑回答母親，我不希望他們再為我傷心、擔心、操心。四十多歲的人了，已經過多次生活的折磨，再也經不起任何打擊，歲月的流逝在他們的鬢邊流下了銀白的印記，我明白我身體的痛苦遠不及母親心中的痛苦。每次疼痛時我都希望自己死去，以減輕母親的心痛。但我又不能，我不能讓父母眼看著十幾年的心血付諸東流，這樣他們會更傷心的。所以無論我多麼痛苦，總會用笑容面對母親，我害怕看到母親的淚再一次溢出眼眶。我知道當我昏迷不醒的時候，是母親一遍遍地叫著我的名字，企圖喚醒我。正是那一聲一聲溫情的呼喚，使我和死神擦肩而過。也許疾病是畏懼真情的。當疾病困擾著我，吞噬著我的時候，是平凡而溫暖的母愛擊碎了它，趕走了它。

遙望夜空，繁星閃爍。我將把母親作為最亮的恆星永久閃爍於記憶的星空中，亙古不變！讓它炫爛的光芒，為我點燃希望的燈，告訴我：「不怕，你還有母親……」

後記：我是流著淚寫完這篇文章的。我不願回頭再看第二遍，再去體會痛苦揪心的滋味。

很久以前，我是堅強的陽光女孩，從早笑到晚，然而病痛正一點點地擊碎我的堅強，吞噬我的笑容，我變得很脆弱。

　　我曾經多麼熱愛生命，但我卻已接近絕望。我害怕看到清晨緩緩升起的一輪血日，我懼怕看到黃昏落日裡被染成血色的晚霞。我很愛我的父母，我不想看到他們眼中流露出傷心和痛苦的眼神。所以我要珍惜健康，珍惜生命，用最好的成績回報我一生也還不清的愛……

　　寫母親的文章很多，但寫得催人淚下，讓人心靈震撼，掩卷後久久不能釋懷的卻並不常見。作者身患重病，深感不幸，幾乎失去了生活的樂趣和希望。然而，她又是幸運的，因為她有一位用全部心血和巨大痛苦呵護著自己的偉大的母親。文章的成功在於寫出了真情。真實的我──我的痛苦，我的「笑容」，我的醒悟；真實的母親──母親的淚，母親的心理，母親的呵護。正面寫自己，側面寫母親。寫自己扣人心弦，寫母親感人肺腑。

　　文章的表達方式也是多樣的。心理描寫、動作描寫、細節描寫、景物點染、後記補敘，把人物複雜的感情刻畫得淋漓盡致、動人心魄。

王兆平、胥照方

等

周藝

江蘇省新海高級中學二〇一一屆
始終相信自己是一個快樂地學習的追夢者。
現就讀於美國加州伯克利大學。

今天，媽媽回家。日曆上的數字早在幾天前就被我用紅筆重重地圈了出來。今天媽媽要回來嘍！我的心空陽光明媚。

工作性質決定了媽媽很少出差，不像爸爸隔三差五地往機場跑。這次，媽媽要去北京，我和爸爸在家，雖然只有幾天，我已經天天等著媽媽回來了。

北京到連雲港的飛機是在晚上到達。我晚自習一下課就飛快地衝回了家，抑制不住內心的興奮：媽媽就快回家了！推開家門，爸爸就一臉笑容地迎上來：「媽媽的航班已經到機場了，估計不到一小時就到家了！」一向沉穩的爸爸也掩飾不了一臉的笑容，我更是急不可耐：媽媽在北京一切都順利嗎？媽媽會不會給我驚喜呢？

分針走得真慢，終於接近一圈了，我便催促爸爸下樓等媽媽。爸爸在看報紙，嘴角依然掛著笑，沒等我連請帶拽，他居然就放下手裡的報紙和我一起下了樓。很難想像這就是我那個平時一絲不苟，嚴肅冷靜，時間觀念很強的爸爸。不過有一點可以肯定：我們都準備好就等媽媽回家嘍！我把房間收拾得乾淨整齊，爸爸把地板擦得一塵不染，他甚至燒好了熱水，預備泡茶。

可是，不知是我太心急還是真的過去很久了，每次轉彎口出現的車燈總是點燃了我們的希望卻又稍縱即逝。爸爸的眉頭漸漸鎖

緊，我被初春的寒風吹得直跺腳。爸爸開始拿出手機，短信一條一條發送出去，卻毫無消息，打電話也總是那個標準卻冷淡的女聲：您所撥打的電話暫時無法接通。我很急，想問，但我更相信爸爸，因為他總是那麼鎮定沉著，而且我害怕他會給出一個自己也無能為力的答案。於是我們就這樣等著，我看他一直盯著轉彎口，並不停地重複著撥號、掛斷、重撥、掛斷……「先回去吧！」也許是寒風吹的，爸爸的聲音有些沙啞。「那媽媽……」「不會有事兒的，肯定是……不會有事兒的！」爸爸很快打斷我，但好像自己也找不出合適的假設，這話像是安慰我，實際上卻倒更像是在說服他自己。

熱水早已經變涼了，低過了適合泡茶的溫度，並仍在冷卻，彷佛故意要摔碎我們大大的歡喜，代之以正在加快放大的恐懼和擔憂，像要把整個心淹沒。我再也忍不住，用毛巾捂住臉，深埋下頭，眼前與心中都是無盡的黑暗。爸爸開始嘗試著聯繫與媽媽一起出差的同事，但都沒有成功。越是這樣，爸爸的動作越頻繁，甚至有些急躁。家裡沒有亮一盞燈，我甚至感覺到爸爸的壓抑與不知所措，平時說一不二、頂天立地的爸爸的不知所措。我不敢多想，近乎絕望。

「你睡覺吧！」爸爸第一次像命令我一般，我知道這個時候唯有聽話才是最大的幫助。我把自己裹在被子裡，把臉轉向裡側，不讓爸爸察覺我的惶恐與不安，我豎起耳朵，聽見爸爸又一次出門去，他關門的聲音很輕很輕。

似乎是很長一段時間，我都維持著一種半睡半醒的狀態等媽媽，我努力使自己別胡思亂想。不知究竟過了多久，終於在我的睡眠意識相對感情就要處於上風時，開門聲使我瞬間清醒，耳中飄進媽媽的聲音，最熟悉不過的音調在那一刻卻如同最動聽的樂曲，我用力捂住嘴，激動得快要哭出聲來。然後傳來爸爸刻意壓低了嗓門的話，恢復了熟悉的穩重：「安全回來就好，還是明天再告訴她吧，

女兒為等你回來也擔了不少心，讓她好好睡吧！」我咬住嘴唇，眼淚終於落下來，再也控制不住……

這樣一次等待，讓我真切體會到了爸爸對媽媽，對我的深沉卻幾乎傾盡全部的愛，那種不曾用言語表達的含蓄卻無微不至的愛，那種媽媽和我永遠都最珍惜的對我們最最重要的摯愛情感。

等待，愛綻放光彩，照亮未來。

本文文筆流暢，情感表達真切，讓人讀來為之動容。

「感人心者，莫先乎情。」真情源於真人真事，寫親身經歷容易做到感情真摯，寫出動情點，等出差將歸的媽媽，選材真實可信。

敘述生活化，用細節「傳情」，比如「嚴肅冷靜」的爸爸擦地板，燒水，以及我的急迫緊張的心理等細節描寫，在等過親人的讀者看來，定會「心有戚戚」。

王曉青

依橋傍水好乘涼

劉文君

江蘇省興化中學二〇一一屆
生活是美的源頭，情感是美的依託，感受美，書寫美。
現就讀於武漢大學。

興化河密橋多，要不，為何稱水鄉呢？幾乎每個村莊都依偎在河流的懷抱裡，這些村莊已被河流養育了數百年甚至上千年，水鄉的人已不能離開水了。

三伏天，村子整日熱烘烘的，像奶奶家的蝸屋，叫人無法容身。但不要緊，我們有河，有涼涼的河水。太陽才爬上了樹枝丫，便可見已有幾個耐不住熱的人下了河，那愜意的勁兒就好比口乾舌燥時給你帶來截翠嫩嫩的水瓜，也正如晚上在村南頭的老橋上過一把乘涼的癮。

這裡所說的乘涼就是納涼，也就是乘風而涼的意思。水鄉的水多，橋自然也跟著多了起來。我們村南頭有座老橋我最喜歡，夏天我們在橋上乘涼。在這橋上乘涼愜意得不得了：可數天上無數星，可觀吳剛砍桂樹，可乘溢著菱香的習習涼風，可聽壟溝裡蛙們的歌唱，可對蚊蟲來陣「降蟲十八掌」，可與旁邊鼾聲正起的睡客同來一曲二重奏，可大罵楊康且大贊楊過，亦可窺賞月光下水靈的水鄉姑娘。

正式乘涼時，夜已降臨。但序幕往往拉得較早，太陽還沒醒酒，紅著個臉，把整條河都染成了老大娘頭上的紅方巾。月亮許是正在梳妝，只先打發了幾顆星星在天空探路。乘涼，要得天時地利

人和，就得早早地找地盤，找遲了要不風微人密，要麼寄人席上。這些好玩的事自然由我們兒童團來做了，間或有老頑童或老頑婆與我們搶地盤，一般都以我們的勝利而告終，因為我們可以在任何時候施展「耍賴」的本事。席子一般放在橋的近中央，一來風大，二來蚊少，三來可串席。對於我們這些小孩來說，串席最有意思，我們可以玩些遊戲（如「三個木頭人，不許動，不許笑，不許露出大門牙」，「你一我一一休哥，你二我二二層樓，你三我三三兄弟……」等），雖然這些遊戲都含小小的懲罰，但每個小孩都樂此不疲。

大人們更會享受，他們往往端著個搪瓷缸子（大茶杯），邊乘涼邊吃晚茶。小孩見了，也學大人模樣捧個大搪瓷缸子，每次肚子都被灌成田頭的西瓜狀，圓圓實實。有些貪乘涼的傢伙睡到月亮都下班了，還沒要回家的樣子，寧可身上裹著夾被也要盡享這河邊橋頭的涼爽。

這些快樂是老橋給我們的，但我們好像忽視了老橋的存在，黏橋板的水泥剝落了不少，留下了不少間間隔隔的洞眼。幾個貪玩的呆小孩，在橋上亂跑，結果把腳塞進了橋縫，聽說還傷得不輕。鄉親們這才想起該為老橋做些什麼了，於是，補好橋縫，加固欄杆。

而今有電扇，有空調，鄉親們周身籠罩著現代的人造風。但乘涼的習慣似乎改不了。夏天的晚上，鄉親們用蒲扇輕輕拍打著身體，自覺不自覺地就轉到橋上了，他們往橋上一站，看看西邊天色，談談莊稼農活，拉拉家長裡短，此時，不遠處的蛙鳴聲，稻花香隨風飄至。

乘涼之意不在涼，在乎水鄉情趣也。這情趣是真實的、精緻的、和諧的。這情趣有鄉風民習，有家長裡短，更有水鄉孩子的玩樂遊戲。

「在這橋上乘涼愜意得不得了：可數天上無數星，可觀吳剛砍桂樹，可乘溢著菱香的習習涼風，可聽壟溝裡蛙們的歌唱，可對蚊蟲來陣『降蟲十八掌』，可與旁邊鼾聲正起的睡客同來一曲二重奏，可大罵楊康且大贊楊過，亦可窺賞月光下水靈的水鄉姑娘。」對水鄉乘涼習俗，小作者有場景的細緻描摹，亦有鄉情的真切體悟，帶給讀者的是晶瑩靈動的水鄉氣息與質樸純美的真情實感。

曹伯高

三月，六月，九月

張笑

江蘇省贛榆高級中學二〇一二屆
有著細膩情懷的理科男，用心感受生活帶來的觸動。
現就讀於南京大學。

三月的天，蟲鳴

坐在窗邊，望著窗外的天。那湛藍湛藍的，鋪滿陽光的三千尺高空，寂靜，空靈。思緒宛如飄蕩的雲，靜靜地隨時光流淌。微風輕撫著的楊柳，像是信箋上隨意勾勒的線條，靜靜地和著陽光的拍子晃動。仰望，天空的一隅出現了淺淺的綠意，鋪天蓋地的思念在淡藍的紙上蔓延開來。

「三月，驚蟄。

我彷彿聽到了小蟲兒簌簌的破土聲，我彷彿聽到生命那一陣陣有力的跳動。那個時候，你是不是也如此欣喜而平靜地等候著我的降臨？是不是也滿懷期待地聽著那破殼後的第一聲鳴叫？

窗前意外的飛過一隻蝴蝶，載著滿背的陽光，微微晃得向前飛去。蝴蝶的破繭自生，痛的是自己，而我如此的幸運，你為我承擔了所有的痛。

辛苦了，我摯愛的您。這時，我看到天使俯下高貴的身子，親吻每一個人。而有一個自私的天使，把所有的親吻給了我。

謝謝。」

六月的天，風箏

依舊是湛藍的天，依舊是陽光普照的高空，只不過多了一份熱

烈。空氣中暗浮著一股即噴湧而出的熱情，氣氛有些乾燥，有種劍拔弩張的感覺，門外的火熱及閘內的清涼被一道力量隔開，互不相容。我聽見孩童們的嬉戲聲夾著啪嗒啪嗒的腳板聲跑遠了……

「六月，夏至。

夏至未至，我想像自己躺在半人高的青草叢裡，貪婪地呼吸著混雜了花香和淡淡青草味的空氣，想像著愛美的小姑娘提著裙角踩水的模樣，想像著籃球場上的男生揮灑著大把的激情。最後想到了你，想到了你在炎日下的汗水和我眼裡的疏離。

空中意外的出現了一個四邊形的風箏，給藍得有些單調的天增加了些許生動。伴隨著蟬鳴，它會越飛越高，那放風箏的孩童也會越來越高興，但隨之而來的，應該是擔心吧。像當年的自己那樣，擔心它會飛走。我會心地彎起嘴角，卻在 那間，陽光刺痛了我的眼，由那個孩童，我又想到了你。

在風箏飛高飛遠的同時，你的擔心和憂慮是不是也愈加的沉重，而那自私的風箏，卻只想飛遠。

我又笑了，其實你無須擔心，那飛得再遠的風箏，也有一根永生牽絆著它的絲，儘管只是根很細的絲，卻是無盡的思。

我懂了。」

九月的天，落葉。

終於，夏天褪去了所有的浮華與燥熱，只剩這豐收的寧靜。天變得高遠了，卻依舊陽光明媚，幾縷溫和的光線穿過蒼穹，記憶變得緩慢而悠長，像電影的重播鏡頭，一幕一幕地浮動而過。

「九月，秋至

我套著厚厚的毛衣，裹著長大衣，毛毛的軟軟的很是溫馨。天安詳得像一潭秋水，倒映著悠悠揚揚的落葉。那落葉，像玩累了跌跌撞撞投向母親懷抱的孩童。腳踩在厚厚地積葉上，好像是歲月走過的聲音，像是長大了的，卻依舊依戀著母親的孩子的絮語……

韶華往，人未忘。

這秋收後的九月，讓我來陪您。

誰言寸草心，報得三春暉。

這大學紛飛的秋天，讓我來陪您，我辛苦的母親！」

本文最突出的特點是以時間為序，通過書信的方式，以藍天、高空、陽光、大地為背景，將「我」的過去與現在、夢幻與現實、奮發與成功交織在一起，構成一幅色彩斑斕的立體圖畫。並將「小草春暉」的情感置於對母愛的頌揚之中，語言流暢，富有文采，給人以震撼，讓人回味無窮。

楊德成

面對突發事件

楊蘭婷

江蘇省灌南高級中學二〇一一屆
文靜、善良、細膩，視人人為貴人，愛文字如珠玉。
現就讀於武漢大學。

三月雨，纏纏綿綿，如煙如霧，一連飄灑了好幾天，使人的肩胛有了沉重感，神經潮濕成樹的根鬚。

入夜，小屋的燈還亮著，爺爺輕輕地靠在床頭，雙眼微閉，靜靜地聽著窗外的雨聲。「老頭子，這幾天陰雨綿綿，你的關節還疼嗎？」奶奶關切地問。爺爺搖著落了些灰塵的蒲扇點了點頭。於是奶奶拿過家中的藥箱，快速地翻找著爺爺的藥。「藥昨天剛吃完，放心，我沒事。」奶奶沒有做聲，夜也這樣靜悄悄的。

第二天，奶奶早早地起了床。屋外，依舊是細雨紛飛，奶奶悄悄地拿過爺爺送她的那把紅雨傘，走出了村子，踏上了那條熟悉而又悠長的小巷，到鄰鎮的藥店為他買藥。風有些大了，夾雜著細雨打在奶奶的臉上，很疼。粗糙的石壁上爬滿了飽經風霜的枯藤，古老的石階上鋪了一層淡淡的青苔，很柔，很綠。奶奶扶著牆，小心翼翼地走著。

突然，奶奶腳底一滑，手裡的藥片灑了一地，她想趕快把藥拾起，可卻感到渾身酸痛，多次試圖努力地站起，可依舊抹殺不了年老的事實。細雨還在飄灑著，浸濕了藥片，也擊痛了奶奶的心。

家裡，爺爺顫抖著放下電話，臉色蒼白，腳步慌亂地往外走。我忙問他發生了什麼事。「你奶奶在路上滑倒了，不知道怎麼樣了，

我去看看。」一轉眼，爺爺鑽進風雨中已經深一腳淺一腳地跑出好遠。我拿著爺爺的外套緊趕慢趕才撐上他，可他已經渾身濕透。爺爺抱起奶奶就像抱起一隻受傷的心愛的蝴蝶。

於是，在奶奶臥床的日子裡，爺爺變得忙碌了。早晨，他都會為奶奶端去熱騰騰的早餐，細心地餵她一口口吃下。午後，爺爺喜歡扶著奶奶出屋曬太陽。微風過後，他輕輕地整理著奶奶弄亂的頭髮，拍去她衣服上的灰塵。庭院裡飄來了桃花瓣，爺爺拾起一枚輕輕地放在奶奶手中。那桃花瓣好紅，好柔，好美，一下子把奶奶帶回了那氤氳的時光。她想起曾經與爺爺在三月的雨中相約一起去看桃花，桃花開了又謝了，她還想起了那破舊的六角亭，和亭邊遺落的那把紅雨傘⋯⋯

就這樣在爺爺的精心照顧下，奶奶康復得很快。忽然有一天，爺爺對奶奶說：

「走，我帶你去看桃花。」奶奶笑了，像十八九歲的小姑娘，眼角流露出幾分羞澀，空氣中溢滿了幸福的味道。

夕陽西下，我立在村口的梧桐樹下，望著他們遠去的身影，終於明白了「執子之手，與之偕老。」我想，那是一種愛與堅持。就像我們每個人的人生一樣，總會有意想不到的事情發生，也許在今天，明天，抑或是後天，但無論你遇到什麼困難，請相信人生只應有愛的關懷，人生只應有鼓滿的風帆和奮進的腳步。

仰望天空，夕陽灑下一片金黃，風搖曳著樹葉，發出沙沙的聲響，我想，此刻，爺爺奶奶應該在六角亭邊看桃花了吧。風吹落的花瓣在他們身上一定很美⋯⋯

這是當時的現場決賽命題作文，後來作者回校後根據回憶重寫而成。首先文章的優點，在於，大話題小切口，這是寫作的一

大竅門，本文選取了一個特別溫馨的角度，寫爺爺面對奶奶突然摔傷的事。其次，作者很擅長寫細節，生活化的神態、動作和語言描寫都是那麼溫馨感人。最後，善於選取意象，描寫景物，為情節發展做鋪墊，既烘托了人物形象，也增添了全文意境。

蔣遠兵

十字路口

洪詩穎

江蘇省如皋中學二〇一二屆

迷戀國畫、古籍、昆曲，然我自愛古調，今人不多彈，
希冀能水袖寬袍，與詩詞相舞。現就讀於南京理工大學優才計畫實驗班。

「最撩人春色是今年，少什麼低就高來粉畫垣……」他剛開腔，
滿堂都噤了聲。只有溫婉的唱腔隨著翠翹金蓮玉搔頭的玲瓏脆響，
伴著飄舞的水袖，在堂裡氤氳著。然後他轉過身，微微蹲下做了個
身段，美麗的面容如華麗的卷軸慢慢鋪展開來：葉眉銀鈎青黛染，
朱砂彩筆點絳唇。一時間，眾人竟忘了呼吸。

若不是那日的十字路口，那時的躊躇輾轉，那刻的決絕轉身，
今日必不是這般模樣……

那日，他收拾好了自己的東西，從張君秋那裡出來。一路上，
恍恍惚惚，彷彿失了神。爾後一聲尖銳的汽車鳴笛聲給他帶來了些
許清醒。他抬頭。

十字路口，紅燈，六十秒。

他急急地縮回了腳，埋下頭，用手指輕輕劃動著手裡的那幾本
戲文，眼前似乎有些模糊……

張君秋定是捨不得自己走的，要不然他怎會在我離開時用悲傷
挽留的眼瞧著我，他看看我手中的書，然後將手輕輕搭在我的肩
上，喉結上下抖了抖，又抖了抖，才終說出「走吧，還是去唱小生
好。」是的，我不走！他轉過身，往前邁了幾大步，倏忽又停了下
來。耳畔是周恩來總理對著張君秋說的話──「你是中國最後一個

男旦了。」是啊，張君秋是最後一個男旦，那麼，我又是什麼呢？呵呵，什麼都不是。若不離開，中國戲劇的檯子上，哪會有我的位置？

他重又回到路口。紅燈，二十秒。

他想起了第一次登臺唱旦時的情景，忍不住哼出聲來。從前的一切如電影的鏡頭，一幅一幅重現。他看到了自己模仿女人動作時內心的愉悅和淡然，他看到了張君秋有意無意留給他的戲文資料……不，他不願唱小生，他只愛扮花旦！為何不可？有何不能？最初的花旦本就是由男人扮的，唱詞腔調也適合男人的嗓音。他要去唱花旦！

他看了看紅燈，五秒。

走，還是回？他想回，卻又不敢。他是那樣熱愛戲劇，從前是，現在也是。他怕自己不被認可，但，他更怕，更怕中國傳統的「男旦」從此消失，更怕中國文化瑰寶多了個缺口。

回！回吧！他轉過身，沿原路跑去……

綠燈，亮了。

他就是中國男旦傳人──溫如華。那個翁偶紅稱讚「百花園裡囀鶯簧，一世雄聲擎群芳」的溫如華。許多年後，有人曾問他：「若不去唱花旦而去唱小生，你會比現在更有名，可曾後悔？」他搖頭，不悔，不悔，為了夢想永不悔。

其實每個人心裡都有一個十字路口。它將我們的心分兩邊。左邊柔軟，右邊冷硬。左邊感性，右邊理性。左邊是夢想，右邊是現實。

左？右？無關對錯。

冷？暖？內心自知。

這是一個材料加命題的作文，對於這樣的題目，首先是審題，十字路口這個題目存在雙重含義，一個是表層意義即指現實生活中道路的十字路口，還有一個是比喻義，用來比喻對人生中重大問題必須作出抉擇的關鍵時刻。

本篇作文該屬於短小說，語言很有特色，生動形象和富有詩韻的語句很多，很值得同學們學習借鑒。同時，本文的立意也不錯，文章展示出的張君秋如何在社會生活中明確自己人生的位置、價值的心路歷程對現實生活中許多青年學生人生觀、價值觀迷失都有深刻的教育意義。且本文的最大特色就是，小作者巧妙地將現實生活中的「十字路口」與人生抉擇聯繫在一起。同時作者刻畫主人公感情細膩真切，將張君秋內心由迷惘至失落進而猶豫最終堅定的心理惟妙惟肖地展現出來。

全文不事雕琢而盡顯文采，讓人歎服。有所謂「腹有詩書氣自華」，而這樣的美文，必氣性才情成就。

孫蓉蓉

老房子

薛菲

西安交通大學蘇州附屬中學二〇一三屆

她是一道亮麗的風景，江南的桃花、翠柳，小橋、流水、微風、
細雨豐富了她的內涵，形成了溫婉含蓄的性格。
在江南的古橋小鎮，尋常巷陌中詩意的棲居。現就讀於廈門大學。

　　日益繁忙的都市，偶有幾處靜謐幽深的街道，街道兩旁的老房子都有些年頭了，隱隱透著一股歷史的滄桑，古典的韻味和少有的充實。

　　老房子，在內居住的多是老蘇州，少見精美華麗的日曆，而大多只慣用老黃曆，可能是認為那一本厚厚的小黃曆會記錄下一年內的功德，每天一早撕下一頁，那麼昨天才算過的踏實。老房子門前總會有三三兩兩或站或坐的人在聊天，聊的多是自己的兒女，或者就是些新聞熱點。也正以為如此，老房子裡的消息總是最為靈通的。

　　推開老房門的一霎那，門板「咯吱」作響，似乎要勾起沉睡千年的回憶。從門口走到門前雖只有短短幾步路，似乎有什麼要從腳下那凹凸不平的青磚間滲出。繞過第一幢房子，牆角有一個煤爐，即便已經很久沒用了，它卻一直在那，似乎可以看見從前老人在煤爐邊忙碌的樣子。轉彎便是一條幽深的走廊，頂上三三兩兩有幾個天窗。

　　白天，這條走廊總有幾處是明亮的，夜晚卻漆黑一片，那明亮處通向的是一個個小院子。走廊中兩邊的牆十分粗糙，雙手貼合牆面，依稀可辨掌下的花紋。頂上的橫樑不再精美，卻充滿古老的氣

息。

　　老房子裡的人家大多都還沒有裝衣架，幾根竹子橫跨放兩戶人家的屋簷，竹子上掛著衣服，同時聯絡著兩戶人家的感情。前院房子裡的人家，每每聽到院子裡的人在聊天，會搬著凳子到院中，有時還會捎上些新的點心。每逢過節，一家有好貨，幾天後家家都有。蘇州的老房子和北京四合院不同，而很多老人依舊願意繞到房後的院子中，打磨時間。小孩子就直接趴在窗臺上，害怕錯過好戲。院子中總有幾戶養花草的人家，老人們或是相互幫忙養著，或是相互交流經驗，以至於園中的花草總是那麼美麗，那麼動人。

　　許多老蘇州不願搬離老房子，因為這裡有一份懷念和寄託。他們不願離開相伴多年的好友，不願住進只有鋼筋混凝土構建的冰冷的房子裡，那種沒有人情冷暖的生活是他們所不喜的。他們不願有住了十幾年卻不認識鄰居的感覺。他們要的是如納蘭容若心中「小構園林寂無嘩，幽籬曲徑仿人家。」的生活。

　　當灰黑的磚瓦開始泛紅，老頭老太便相互攙扶走進廚房，商量著晚上的伙食。蘇州人燒菜總按人頭算，每個人愛吃什麼菜，都刻在老人心中。每天他們都期盼著接到兒女的電話，又害怕聽到兒女有事不回家吃飯的消息，害怕面對一張張空椅子，一個個空碗。淡黃色的燈光下，一家人圍在一起吃晚飯的情景，總是老房子裡最溫馨的時候。

　　每當到俗稱「過節」的時候，老房子中的人家都會聚在一塊摺錫箔。有時小孩也會來湊熱鬧，學著長輩的樣子，可謂有模有樣。大人大多不願從外買現成的，只是默默圍坐在一起，懷著一顆對先人的懷念的心。那是老祖宗的日子裡，老人心中會不斷牽出無限牽掛和思緒。

　　就是在這樣平淡的日子裡，蘇州人平靜地傳承著千年的思想和精魂。

沒有流動的花光水影，卻記起了幾個淡遠的歲月章回；沒有多姿的湖畔奇石，依舊分得一片迷濛的吳門煙水。小作者選取江南最為尋常的老房子，字裡行間散發著古樸與恬淡。頂上的三兩個天窗，框起這天人合一的融洽；幽深的走廊，連接著歷史文化的深邃。老太太們對老黃曆的虔誠，午後老房子裡的歡樂，老房子內人與人淳樸的感情，有畫面感，有生活味，自然質樸，寧靜幽雅。尋常的老房子中的尋常的淺吟低唱，依舊是這般風風雅雅。而在這般的風雅韻致中，又有一絲絲悵惘從那老房子的院子裡、空椅上，從那老頭老太忙碌的身影中氤氳開來。

李倩

外婆家的銀杏樹

朱驍涵

江蘇省新海高級中學二〇一三屆

順而不驕，逆而不餒，始終保持遙望的姿勢，用思之眼看到了生命的躍動，用思之耳留證了文化的足音，用思之手刻下了情感的印痕，現在正用思之肩扛起了自己的使命，一步步走向更美好的未來。考入南京航太航空大學。

安徒生說，山和峽谷是總會相逢的，就像有些人和有些人是一定會相逢的；而我說，有些人和有些真情是一定會相逢的，就像外婆對我那互久不變的濃厚的愛。

時光斷出的層面，被外婆家的老屋褶成了永恆。我遺落在那裡的記憶，浸滿了一年又一年的露水。還記得那方小小的院落裡，挺拔著一棵古色古香的銀杏樹。小時候的我，和外婆一起住在老家的老屋裡。平常最快樂的時光，莫過於斜陽西下的傍晚。已吃完晚飯的外婆和我，就會一同坐在老銀杏樹下納涼，外婆摟著我，遠眺天邊，看倉皇南飛的大雁帶走誰的思念，看歡快活潑的輕風與誰撞個滿懷。直到淡紫色的幕布遮住了整個天空，外婆就會唱起她年輕時最愛的歌謠。微風拂過，銀杏舞動的身姿彷彿遠處河岸旁渺茫的歌聲似的，而我，趁此鑽進外婆溫暖的懷裡，恬然入睡……

那棵老銀杏，扇來不盡的悠悠古風，蒼茫了我年少的輕狂。大一些，我就背著外婆專門為我做的小書包，蹦蹦跳跳吵吵鬧鬧地去上學，高高興興快快樂樂地回家來。清晨，當天空暈染開千絲萬縷的藍，我就會拾起一片金黃的銀杏葉，把玩在手裡，走出院門。如果我回頭望去，一定會瞧見外婆溫暖如朝陽的目光，彷彿在說：「路上小心啊！」黃昏，當我踩著夕陽踏在回家的路上時，便會看見遠

方嫋嫋的炊煙。我快步跑入遠門，一定會瞥見外婆臉上關切的表情，彷彿在說：「餓了嗎？快洗手吃點東西吧！」頓時，心中的疲憊便一掃而空。而那棵銀杏樹，揮舞著枝條，把那飯菜的香味傳得好遠，好遠……

我就這樣站在回憶的河邊，看那渡船終年無聲地擺渡，安靜地畫下清晨，畫下黃昏。而今，我已住在高聳入雲的大樓裡，可外婆卻依然住在青磚紅瓦的老屋裡。逢年過節，我一定會回到我曾經魂牽夢繞的土地，去看看外婆，去看看那棵伴我成長的銀杏樹。樹幹上明顯多了些歲月的痕跡，正如外婆盡顯銀白的髮梢。每當我回去，外婆就還會像我小時候那樣，和我一起坐在那棵銀杏樹下，唱著我會永遠永遠記住的歌謠……

我在夢中仍會憶起的歲月，從我單薄的青春裡打馬而過，穿過紫堇，穿過木棉，穿過我所有的悲喜和無常。我知道，外婆對我的愛不會驚天動地，但，會讓我在前方的道路上更勇敢，更堅強。

彼年豆蔻，誰許誰地老天荒；伊人碧玉，誰念誰在水之涘。

我有些想那棵銀杏樹了……

很多希望和覺醒都是在溫暖的春天滋生，古人在煙花三月，煙雨瀠漾中迷醉，從乍暖還寒的涼風中尋找翠綠的心情，從偷偷綻放的嫩黃裡看到生命的跡象。

作者「我」，從外婆那棵不老的銀杏樹中，讀到了生命的純淨和美好，銀杏樹下，有著最真實最溫馨的一幕又一幕，銀杏樹下，有著溫暖、感動和力量，心路歷歷在目，思念一串一串，平凡人、平凡事，語言清麗，乾淨，貌似平淡無奇卻情意動人，感人至深。

文章有如夏夜裡月下的輕輕訴說：安靜的老屋、幽幽的古風、

清清的河水中，有著外婆年輕的歌謠、朝陽的目光和銀白的髮絲，在「靜水流深」般的感悟中，詮釋著真情，湧動著實感。有生活細節、有詩意達情，更是有韻味有感染力。回憶和想像中，文章內容和諧，賦予真情，令人回味。

王新霞

蒸糰

從內心去感受寫作的快樂，用經歷去書寫人生，
每個人都能得到獨屬自己的書寫方式。
現於英國曼徹斯特大學攻讀碩士學位。

寒冬臘月，魚米之鄉的興化農村，總有這樣的風俗——蒸糰。
農村人難得睡懶覺，農閒的冬日之晨，有了糰，就可以不用淘米燒
早飯了，甚至有時偷懶起來，一日三餐主食都是糰。

從我記事以來，每年都有這樣的一天，既是享受，也是辛勞。
每年蒸糰的日子都是由奶奶定，照例挑個大夥兒都在家的時候，只
有爸爸、大伯、姑父是除外的，因為他們工作忙。

常常是在午飯後開工。奶奶照例提前一天預定專門用來蒸糰的
大竹籠。爺爺也會搬出只有做糰時才用到的小淺缸(罈子的深淺，瓦
缸的質地和埠)。媽媽、大嬸、姑姑會在院子裡製作的一個露天「大
餐桌」——好幾張長凳支撐著兩張席，再鋪上幾張塑膠膜(專用)，
灑些清水，糰蒸熟後倒在上面不會黏膜。

架勢擺好了，接著就開始投入真正的工作了。首先是和米粉，
先舀兩瓢米粉，倒入淺缸中，加入少量熱水，用手撥動米粉，使其
與熱水交融，這時，熱水迅速被吸入。雙手搓呀搓，水少了，會再
加一點，這樣反覆著，恰到好處便行了。

和米粉的過程最講究的是「度」。太硬了，蒸的時候不易熟，
就算蒸熟了，口感也不好。太黏了，蒸的過程中會變形，一個個單
獨個體會黏成一個大圓餅。可見，調控好這個「度」，是非常關鍵

1
4
7

的。

　　和米粉也是最累人的工作，需要消耗大量體力。因此，雖然奶奶親手和的米粉要比爺爺和的好得多，但奶奶也不過只是偶而顯顯本事，重活計常常還是落在爺爺肩上。

　　和好了米粉，就輪到精細製作了。通常媽媽、大嬸、姑姑會將一個南瓜般大的米糰分成若干茄子般大的小米糰，再經過搯搓，製成一個個杏般大小的更小的米糰。這時，可就輪到我們堂姐弟四個一展身手啦。

　　小米糰只需單手捏，不能雙手搓。一來糰的製作不像湯圓過分講究「形」，二來搓的糰過於實在，不易蒸熟。

　　在我們捏白糰(無餡心)的時候，奶奶是不會閒著的，她會完成下一步的工作——捏餡。

　　紅豆子糰就是小米糰裡包紅豆餡，這時的小米糰就要比白糰的大些了。製作時先用大拇指按一下米糰，然後將其做成碗的形狀，豆餡放入，捏好「碗口」，確保豆餡全都被包了進去，否則蒸的時候就會露餡了。整個過程中最耗時的就是蒸了，大概半小時出一次籠吧。

　　肉餡糰的做法和紅豆糰的差不多。取一塊鮮肉，清洗乾淨，製成肉泥，最後調料，肉餡就做好了。鹹肉糰、火腿肉糰是很少有人家做的，奶奶卻懂得創新。只是誰也不能確信鹹肉糰、火腿肉糰的味道，因此做得很少。鹹肉糰、火腿肉糰出籠時，芳香四溢，我們堂姐妹四個都爭著吃，嘴裡還吃著，筷子又去夾了一個，實在是禁不住美味的誘惑呀。

　　蒸糰的日子很累人，蒸糰的日子也很幸福。米糰氤氳著質樸的稻香，讓我陶醉；米糰凝聚著融融的親情，讓我回味。

《舌尖上的中國》著實火了，因為她是生活的、平民的、更是真實的！

極易失之平板的文字卻寫得如此充滿溫馨，這樣充溢鄉情、親情；真可謂得《舌尖上的中國》之真傳。搭場子，做準備，和米粉，做米糰，蒸米糰，文中有清晰工序，亦有和諧的大家庭親情。有工序注意點的詳盡說明，如和粉的硬黏度，如做糰時捏、搓的考究，如包餡的要點，蒸糰的工夫；亦有勞作時細節的簡潔穿插，如堂姐妹四個禁不住美味的誘惑。

「米糰氤氳著質樸的稻香，讓我陶醉；米糰凝聚著融融的親情，讓我回味。」勞累和幸福同在，美食和親情交會。真情實感為文，文焉能不工。

沈玉榮

流螢朦朧

滕秋菡

江蘇省海安高級中學二〇一三屆
安靜內斂，文筆清新，思想見解深刻，喜歡在文字中尋找心靈的發現。
考入西安交通大學。

「映水光難定，淩虛體自輕。夜風吹不滅，秋露洗還明。」有些美好，註定只宜遠望。

夏季的無月夜，炎熱難耐，爺爺帶著我們幾個孩子在場院裡乘涼。面前是一片開闊的稻田，一直連到河邊。當夜色如霧完全把稻田染成墨色的時候，抬頭一看，忽然看見稻田中有光一閃一閃在跳躍，再往遠看，到處閃爍著這樣一閃一閃的光亮。由於四周幽暗，那一閃一閃的光顯得格外明亮，最開始的感覺，它們是上下在跳，高低不一，但跳躍得非常有節奏，彷彿帶著音樂一般，讓人覺得有種置身童話世界的感覺。

城裡的弟弟沒有反應過來那光亮是什麼東西，感到非常驚訝，傻乎乎地叫道：「這是什麼呀？」爺爺呵呵地笑：「那是螢火蟲咧！」螢火蟲在夏天並不少見，可這麼多的螢火蟲一起出現還真是沒有的。我們一群孩子仰著頭，傻傻地望著這幅朦朧的寫意畫，入了神。

千千萬萬的火螢在黑暗的海中飄浮著，像極了照映在海面上的群星的身影，我仰起頭來，天上果真就嵌滿了星星，年幼的我們心裡都在嘀咕著，到底星是天間的螢的身影呢，還是螢是地上的星的身影呢？

「爺爺，我要，你快給我捉幾隻。」弟弟央求道。「我也要，我也要……」一群孩子都來勁兒了。「好好好。」爺爺爽快地答應了。我們滿院子裡瘋跑捉螢火蟲，然後把螢火蟲放進透明的玻璃小瓶裡，不一會兒工夫便裝滿了一瓶。弟弟是個好奇的孩子，從瓶子裡拈出一隻螢火蟲，想一探究竟。螢火蟲像是受到了驚嚇，不再閃光，卻也使我們看清了它的真面目。它只是一隻頭部狹小，眼睛呈半圓球形的蟲子。身子長而扁平，前胸背板平坦，蓋住了頭部。「呃，真難看。」弟弟一把丟開了它。一群孩子都大失所望，它已經全然沒有了精靈般的美感。

　　美呈現在我們的面前時，好奇心驅使著我們去熟知它，孰料卻徹底趕跑了它。我不禁想起如今的學術探究，《詩經》中的「腐草化螢」和「囊螢夜讀」，多可愛的想像，多燦爛的心願，可是都被科學指成迷信和虛構。真替現代人感到可悲，科學的理念讓我們事事追求真理、探求真相，可真當一切都看得明明白白時，美感何在？古人重意境和夢遊，不問虛實，擅長詩意地消費。面對流螢這般影影綽綽，人的精神難道不該朦朧些嗎？

　　距離產生美，那是一種霧鎖樓臺、月迷津渡的朦朧之美。距離的存在，促使了想像的發生，從而也產生了無限的可能性和無限的美。古人曾云：霧裡賞花，月下觀美人，是美之極致；花到半開，酒至微醺，是最美境界。朦朧之美，理當如是。

　　那點點閃耀的流螢，朦朧遙遠，想像無邊。

　　這篇材料作文的立意是美與距離的關係，不容易找到小巧的角度入筆，作者匠心獨具，以螢火蟲的閃爍迷離著手，朦朧中見到最美的意境。

　　一家人在場院裡乘涼，見到滿田野的螢火蟲，一群孩子觀察入

神，這是童年無法忘卻的場景。流螢在黑夜中飄浮的細膩描寫，引發了作者對漫天繁星的想像，「讓人覺得有種置身童話世界的感覺」。

弟弟捉螢火蟲場景，使人頓生熟悉親切之感，把自然風光和人文圖景結合在一起，好奇的孩子從瓶子裡拈出一隻螢火蟲，看清了它的真面目醜陋無比，美感全無，為下文議論美與距離的關係做鋪墊，表明作者的觀點。

再寫如今的學術探究，以《詩經》為例，實際上是將美更進一步地具體深入，闡述美與距離的關係。「美呈現在我們的面前時，好奇心驅使著我們去熟知它，孰料卻徹底趕跑了它。」聯繫現實，議論見解獨到深刻，給人眼前一亮之感。

全文記敘童年小事，內容因生活場景觸動感悟，敘議結合，結構有起有伏，有詳有略，在富有詩意的情感之中流裡體現出嚴謹性。「霧裡賞花，月下觀美人，是美之極致；花到半開，酒至微醺，是最美境界。」化用古人詩詞句子，以謎語開頭，詩文結尾，意境頓出，讀來留有韻味。

濮小平

記錄微笑

吳優

江蘇省海州高級中學二〇一一屆
個性純真善良，勤奮上進，像陽光般吸引著身邊的好友。
現就讀於中國藥科大學。

越是困苦，微笑就越是珍貴，越是艱難，微笑越發值得記錄。

我奶奶曾經患有疑似淋巴癌的一種病，八十多歲的老人患有這樣的大病對她意味著什麼，我們都十分清楚。然而奶奶一直微笑，那微笑代表什麼，我曾不知曉，於是記錄了那微笑，想著長大後再翻開那份微笑，好好思索。現在，我長大了，也懂得了。

奶奶是乘著歷史火車穿越「文革」、改革開放與科學發展觀時期的史學家。奶奶中年就失去爺爺，獨自一人撫養大七個兒女並都讓他們成家立業，那歲月的風霜雨露將她的眼眸肆虐得黯淡無光，匆匆光陰似一把長刀在奶奶臉頰上割下一道道血淋淋的傷口。

我曾問奶奶：「奶奶，您不會覺得這輩子太苦了嗎？」奶奶微笑：「每個人生下來時，神賜予的甜與苦都是相等的，我以前受的苦比別人多，所以現在享的甜也比別人多，所以我反倒感謝上天讓我受的苦。」奶奶語重心長地說完後微笑，我記錄了這個微笑，它是對社會的感恩，也是對人生的知足。

我又問奶奶：「奶奶，你害怕自己就這樣離開嗎？」奶奶微笑：「乖孫女，去天堂是好事，有什麼可怕的呢？在人間的生命是有限的，該走的走了才能挪出空地給該來的來啊，所以我走了以後，我希望我挪出的空地上能成就一位好人，希望我所散發的養料能隨風

舞起，滋養每一位後代，哺育每一朵祖國的花。」奶奶微笑，我記錄下了這份微笑，那是對祖國的祝願，那是對後代的祈福。

爸爸跟我說過，爺爺死後，曾經有人向奶奶建議讓奶奶把孩子送一部分給親戚家養，一位婦道人家養七個兒女太不容易，奶奶堅決不送。後來怕別人夜裡抱走孩子，奶奶就總熬夜。我問奶奶：「奶奶，如果你只剩下三天日子了，你最想幹什麼？」奶奶微笑：「第一天做一大桌子菜吃個團圓飯，樂呵呵的；第二天到寺院裡去禱告，請神賜予我兒女平安幸福；第三天帶著孫子和孫女們玩一玩。」奶奶幸福地微笑，淚水模糊了視線。我記錄下這安詳的微笑，它是天下母親對子女無私而又博大的愛。

我記錄了奶奶的微笑，我要讓它存記在我的腦海中，任憑腦海中的魚兒撥動那蔥鬱的荇草去撩動那甜美的記憶。

記錄微笑，記錄幸福！

文章對親情的氣氛渲染充分而恰到好處，對奶奶的情感做出了細膩而傳神的刻畫。文章前後連貫，形成完整的形象。本文取材真實生活，選材恰當，段落分明，過渡自然。全文敘事集中，不枝不蔓，語言樸實流暢，感情真摯感人。

吳豔輝

家的感覺

單蓉

江蘇省贛榆高級中學二〇一三屆
性格陽光開朗，熱愛生活，興趣廣泛。喜愛閱讀，
喜愛寫日記，用文字記錄生活，傳達最真實的情感。
始終笑對人生，且歌且行。現就讀於河南大學。

　　漆黑的夜幕，深邃的夜空中掛著一輪殘月，繁星發出淡淡的光，彷彿在訴說著互古不變的夢。遠方，縹緲的白霧，霧靄氤氳，風咆哮著，很冷。

　　晚自習下課後，靜謐的校園有了些生氣，我們丟下繁雜的作業，順著人潮，慢慢挪下樓。寒流驀地籠罩了這個小鎮，溫度降到了零度，凜冽的寒風打在臉上，我縮了縮脖子。昏暗的燈光下，我推著自行車，向家的方向走去。

　　一天又過去了，我長舒了一口氣，好累呀。街道上大多是匆匆回家的學生，星期天的晚上還要在學校裡苦讀，學習不易，做學生更不易。打了個哈欠，好想念我那張溫暖的大床呀。我加快了速度。

　　拐進巷子，無盡的黑暗瞬間襲來。我抬起頭，熟悉又溫馨的燈光在黑暗中顯得那麼溫暖，一定是媽媽又在等我回家了。心中湧起一絲感動，一絲暖意。

　　推開門，柔和的燈光映射著熟悉的家，媽媽微笑著：「回來啦，用不用再吃點東西？」幾乎每天都是這樣，很樸實的關愛，我搖搖頭，「在學校吃過了，不餓。」我以最快的速度洗漱完畢，坐在桌前，打開書，準備再寫會兒作業。高中就是這樣，作業永遠也不可能寫完。家裡的感覺不同於學校，在這樣溫馨的環境中，我早就有

了倦意，大腦在不斷鬥爭。朦朦朧朧的，耳邊有些不可捉摸的聲響。

　　吱嘎一聲，房門被推開了，爸爸踮起腳尖，小心翼翼地走來。一股濃濃的奶香味，沁人心脾。一杯熱牛奶放在了桌前，爸爸那低沉慈愛的聲音在耳畔響起，「早點睡吧，明天還得早起，要保證充足的睡眠呀。」我點點頭，吮吸著那甜甜的牛奶。爸爸輕手輕腳地關上了門，愛流淌在這濃濃的夜色裡。

　　爸爸早就把熱水袋放進了被窩，好暖和呀。我蜷縮在床上，美美地閉上了眼，大腦激戰了一天，最幸福的就是睡覺了。原來我是這麼眷戀我的家，我的大床。家其實很簡單，爸爸媽媽，弟弟和我。家是樸實的，溫馨的。家的感覺是幸福的，甜蜜的。

　　我進入了夢鄉，明天早上，媽媽一定會做好美味的早飯等我起床。

　　窗外，霧靄散了，皎潔的月光如輕紗似的撫摸著大地。星星醉了，躺在天空的懷抱中，大地沐浴著月光，等待黎明的到來。明天的太陽是新的。

　　家是幸福，是溫馨的港灣，是最濃厚的親情的棲息之處。家是最具真情實感的，要寫好家，也必須用真情實感，作者非常好的做到了這一點。

　　文章先從冷寫起，在「凜冽的寒風」、「昏暗的燈光下」回家，自然想回到家那溫暖的懷抱，這種情感是真實的。家也是真實的，媽媽等我，媽媽微笑，言語不多；爸爸動作小心，聲音慈愛，「幾乎每天都是這樣」，可不是麼，家裡不需要驚天動地，可親人的關愛卻那麼真實，令人心醉，你看，「星星醉了」，醉在親情裡，多美呀！

臧文淑

轉身嗅見茉莉香

卞笑笑

江蘇省海州高級中學二〇一三屆
一名表面安靜內向的女生，其實內心很活潑。
喜愛看懸疑類的小說，電影。現考入重慶大學。

　　依稀記得她的辦公桌上，有幾株茉莉插在透明的花瓶裡。她總喜歡連續放置好些天，直到花開始泛黃，大家嚷著說沒有香氣時，她卻只是揚起嘴角不作聲。

　　她四十來歲，她的長相絲毫未對年齡起到掩飾作用，眼角旁早已有了些不淺不深的紋路。當她以路人甲的形象絢麗登場時，所有帥哥美女「超能力」的幻想瞬間破滅。不過仔細瞧她彎彎的眼睛，我想她也可以光榮「升級」為和藹可親的人。

　　她教的是語文，但似乎沒有任何感性思想，上課時她總是面無表情地站在講臺上，一節課從頭講到尾。我們都很奇怪為何她會對「填鴨」事業如此熱衷，紛紛在背地裡稱她「白板」。

　　我自認是個尊敬老師的孩子，課後也會很親切地喊她一聲：「陳老師好！」她卻象徵性地點了幾次頭，扯出種不自然的微笑。久而久之，我們覺得她已經迂腐得無可救藥了，也就不再和她親近了。

　　她在課堂上提問時，沒有人回應。她靜靜地等了一會兒，左手攥緊了衣角，動了動嘴唇，卻又沒有發出聲音。她用手拂過額頭上的髮，背過身去，在黑板上寫下那道題的答案，想表現得自然些，可微微發顫的聲音出賣了她。她移到了我的身邊，對我們說：「我很希望同學們可以配合老師的啊……」她抬起右手，似乎是想摸摸

我的頭，我卻下意識地躲開。我明顯見到她的手一僵，頓了會兒，慢慢收了回去。我在心裡已把自己批鬥了好幾遍了──為什麼要躲呢？因為和她不熟？我只有在心底安慰自己。

在校運動會上，我的同桌參加了跳高比賽，我去為她加油，她也去了。可是同桌因為緊張而發揮失常，原以為可以拿到的獎狀送入了別人的手裡，她哭得很傷心。我只好在一旁安慰她。陳老師急匆匆地跑來問：「怎麼樣？傷著了嗎？累就去辦公室裡歇會兒，那有空調。」不等同桌回答，她便扶過我的同桌，連我一起拉進她的辦公室。

坐在她的椅子上，看著她細心地幫同桌揉腿，一邊告訴她失敗一次沒關係時，我終於忍不住了，問道：「老師，你不是不喜歡孩子的麼？」

她停住了，喃喃地說：「怎麼會呢……」似在回答我又好像不是，「老師喜歡孩子啊，孩子們都很可愛，很討人喜歡啊……但老師以前對學生很袒護，從不打罵學生，而他們卻不聽話了，不再懂得尊敬老師，學習也不認真……」她說著又看向她桌上有些泛黃的茉莉，「老師也想對孩子們好啊。」

「老師，茉莉花都快黃了，為什麼還不丟掉？」

「因為她們仍然很香呢！」

「為什麼我聞不見？」

「因為你離她們很遠啊，要近些才可以聞見。」

我趴在桌上伸出頭去嗅，果然很香啊，看向她，她嘴角上揚的樣子很好看……

就如茉莉花的香味沁人心脾，我對她說：「老師，我們都會努力的。」

記憶中的老師，縈繞著淡淡的茉莉香，卻只有轉身才可嗅見，文題「轉身嗅見茉莉香」已先聲奪人，拉我們進入一個溫馨的回憶。文章採用欲揚先抑的手法，一名整日板著臉，對學生要求嚴厲，總是受到學生排斥的老師，桌上只有一些快要乾枯的茉莉花，種種的伏筆只為一次絕佳的轉身，當學生受傷，這被稱作「白板」的老師才終於吐露心聲，將自己對孩子的愛，以及心靈最柔軟的部分展現出來，獲得學生的理解。

的確，沒有不愛孩子的老師，只有不懂得如何表達自己老師。她的嚴厲只是想給孩子們一個更好的未來，而不是其它。作者以細膩的語言，淡淡敘說著老師與學生之間的接觸，隔閡與溝通，切實表達出真情實感，真情讓文章得到昇華，也讓情感更深遠，一如沁人心脾的茉莉，久而聞其香。

郁紅劍

生活的提醒

項思遠

江蘇省常熟市中學二〇一二屆
熱愛生活並忠實於生活，善於從生活中獲得高於生活的啟示。
現就讀於武漢大學。

　　清早天尚濛濛亮，一如我陰鬱的心情——我帶著三分睡意，七分怒氣坐在老爸的汽車裡，在上學途中。我手中捧著的，是沃爾特・肯的《在雲端》。突然，一行字觸動了我的心：難道，我們能夠因為走得太遠而忘記自己為何出發？

　　其實，我的七分怒氣也並不是烏托邦似的毫無緣由——只因老爸啟動速度比我慢了半拍，因此有可能造成我上學遲到這一嚴重後果。看著老爸的行動，我什麼都不順眼：他穿鞋時第一次左腳沒有伸準，浪費了零點六秒；他喝豆奶的時候又順帶丟了一粒杏仁給小狗，大約浪費了兩秒；他竟然因為被一輛卡車超車而錯過了一盞綠燈，而這竟然浪費了我三十秒！三十秒！你說，我能不氣嗎！我腦子一熱，就埋怨開了。唉，當時真是有失風度啊，一向視自己為謙謙君子、頗尚古風的我，說的話真是又狠又絕：再這樣以後不要送我了，我自己騎車了……彷彿老爸送我是必須完成的死命令，是他一天中的頭等大事。

　　突然老爸開口了：「女兒，老爸昨天做了個胃鏡，想睡久一點。」

　　呀！我真傻，真的！這一句話把我所有的話都憋了回去，但礙於顏面，我沒有道歉，只是隨手翻起了沃爾特・肯的《在雲端》。

路真漫長，時間像過了幾個世紀，學校終於到了。我下車，闔車門，心裡的感覺說不清也道不明：是幸福還是痛苦？是內疚還是矛盾？

　　我「蹬蹬蹬」三步並作兩步飛到教室——竟然……沒有人！抬頭看鐘，哇，嚇死我了！六點十一分！天哪！那老爸送我來的時候只有幾點！……噢，天哪！我不敢再往前回憶了……

　　後來我的大腦就短路了，只記得淚腺還是靈活的。我大概花了一節早讀課的時間流眼淚，算是一個不願輕易向老爸道歉的女兒的一種道歉方式吧。

　　我幸福嗎？在沒有經歷過這次生活的提醒之前，對於這個問題，我是茫然的。難道，我能夠因為被父愛包裹得太久而忘記父愛的存在？感謝生活的提醒，我如醍醐灌頂。

　　我只是要求一棵樹，爸爸卻給了我一片森林；

　　我只是愛天邊一朵雲，爸爸卻取下一抹流霞，織成了彩雲送給我；

　　我只是嚮往遙遠星空的一顆星，爸爸卻讓我站在他的肩上，摘下他的翅膀，讓我飛翔。

　　生活提醒了我，我便向生活保證，再也不會有猶太人的那句諺語：爸爸送兒子禮物的時候，兒子笑了；兒子送爸爸禮物的時候，爸爸哭了。

　　文章敘述的是生活中的一件小事。寫作者善用誇張的筆法，將故事敘述得波瀾起伏、妙趣橫生。當知道「父親」昨天做了胃鏡後，作者陷入了深深的自責；當看到教室裡的鐘顯示僅僅六點十一分時，作者心裡如翻江倒海般再也遏抑不住，一組排比讓父愛的無私在一唱三歎的跌宕中愈顯深沉偉大。最後，以諺

語作結，給閱讀者留下了無盡的思考空間。讀至結尾處，我們
這些為人父母者，也早已淚眼婆娑。

華國平

春來草自青

陳旭初

江蘇省灌雲高級中學二〇一二屆

我喜歡用我的文字記錄我的思想和情愫，我喜歡看我的文字從筆尖下溢出，就像看溪水在山澗裡流淌。文字讓我的靈魂變得純淨。現就讀於常州大學。

生在書香門第的我，早早就受到爸爸的各種影響。

不知從何時起，爸爸對他兒子我都咬文嚼字了，他不再像我小時候那樣對我直白地教育，現在他對我總像是他的文友。

還記得上一階段，我數學學得很糟糕，心情十分不好，是的，我花了工夫了，卻收效甚微，我在這苦海裡掙扎了幾個星期，於是再也受不了，終於在一天中午爆發了。

那天中午我在做數學，做著做著突然發現我一題也不會，奮鬥了半個小時，仍一籌莫展！我煩透了，突然望見資料上的一句話：「得數學者得天下。」我莫名其妙地十分生氣，把筆摔在地上，一把將那印著「得數學者得天下」的一頁紙撕下來「五馬分屍」。我扯著自己的頭髮，眼淚不自主地流了出來，雖然我在克制自己不要流淚，可不知是中午水喝多了還是怎麼地，眼淚似瀑布一般從眼裡湧出。

這發洩來得太快了，我一點也沒有控制自己。忽然，我覺得有人走過來，透過「淚珠組成的哈哈鏡」我看到那是爸爸，他揀著地上那支筆，在紙上寫了幾行字，把那張字條塞給我，說：「還得繼續努力，不要放棄啊！去，上學去吧。」我擦去眼淚，看一下手錶，不好！快遲到了！我把紙條往口袋裡一揣，洗了一把臉，拿著書衝

出去了。

到了教室，同桌一看我就笑，說：「你頭髮怎麼回事？」我當然知道我當時是怎樣一副尊容！於是我含糊地說著：「沒什麼。」回到座位，掏出那張紙條，上面是一首詩：「燕歸暖來早，水綠寒立消。春來草自青，何患春之遙？」

我久久不能忘的，就是這句「春來草自青」，這是爸爸不能用言語表達，但能從精神上支持我的方法，這是父愛嗎？不，用父愛來講，已經淺顯了。我久久沉醉於這首詩中，從中感受到無數支持的話語！

我能做什麼呢？

我能做的就是將「春來草自青」印入腦海，拿起那支因被摔而筆殼有些破損的筆，投入到學習中去！因為我從此相信了：有春天，就有花草，有努力，就有收穫。

這是一篇考場作文，作者能在較短時間寫出如此出色的文章，可見平時積累的勤奮和基本功的扎實。本文的亮點有三：一是扣題自然，用「春來草自青」來詮釋生活中「功到自然成」「只要不放棄就有希望」等信念，立意深刻獨到；二是細節描寫自然生動，如「我扯著自己的頭髮」「眼淚似瀑布一般從眼裡湧出」寫出了作者的無奈與無助，其中「扯」「湧」兩個動詞很好地表現了作者此刻的心理；三是語言簡潔明快，作者多用短句，活潑天成，讓文章增色的四句小詩，為作者原創，亦顯示其較高的駕馭語言的能力。

陳廣團

那一片綠色

丁潔瓊

江蘇省鹽城中學二〇一三屆

喜歡文學，在暖意曛軟的午後，泡一壺清茶，捧一本書，
細細品味字裡行間的韻味，便是人生一大樂事。
寫作是心靈之間最為純澈的交流，我堅信著。現考入上海理工大學。

三月和風催暖了樹梢，早春款款走來，衣裾飛揚。

午後的陽光熱烈得有些反常，完全沒有早春應有的料峭寒氣。我垂著頭在路上行走，地面被照成白亮亮的一片，令人禁不住眯起眼睛。

轉過樓梯的拐角，我才發現一抹綠色早已在路邊等候。

一小片墨綠在蒼白的背景上更加顯眼，泛著布料特有的細碎光芒，夾雜著幾點更為濃深的墨色，呼吸吐納之間微微起伏。

「這是您的快遞，請查收。」我簽好字，看他又要向下一個目的地駛去，不禁說了一句：「真辛苦啊。」他似乎一愣，轉而又笑了出來：「這是我的工作嘛。」汗珠從他的額前滲出，緩緩流至脖頸，而她的笑容卻燦爛而真誠，比陽光更加耀眼。

他轉身，疾行而去，視線裡那一片綠色漸行漸遠，最終消失不見，而我原本有些煩躁的心緒似乎也平靜幾分。

回到家，我便迫不及待地拆開包裹，是前幾天訂購的書。墨綠色的封面沉穩而厚重，讓習慣了花哨色調的眼球得到一點放鬆感，翻開書頁，隱隱約約散發出油墨的微苦的清香。

閱讀著沉靜如水的文字，不知為何，我想到了那位郵遞員，或許，他們都擁有某種令人心安的力量吧。

接下來的幾次收郵，發現都是他來派送。幾番來往之後，我便也和他攀談起來。他說他是本地人，高中畢業後就開始工作了，郵遞員雖然辛苦，但他卻樂在其中。「把你們所需要的東西送到家門口，我也很有成就感啊。」他笑著，眼睛瞇成一條細縫，牙齒反射太陽光，白花花的閃了眼。

他衝我揮揮手，跨上車離開。微風輕拂，將他的墨綠色制服下擺高高揚起，如同一面高傲的、勝利的旗幟。

我仍站在原處，目送他的背影。

那一片綠色造訪過千家萬戶，將人們的期待與喜悅盡收眼底，而後微微一笑，轉身離去，繼續為下一個顧客送去歡欣。

站在書架前，我伸出手，抵住墨色的書脊，手指勾挑，將那本未讀完的書展開。

午後的陽光澄澈透明，窗臺邊擺著的蘭花微吐芳蕊，細碎的絨毛將心搔得酥癢。

纖毫畢現。

我從文字的罅隙中抬起頭，目光投向窗外，一抹熟悉的綠色又敲響了誰家的房門？

那一片綠色，蕩滌了心靈的塵埃，撫平了心間的毛刺。

那一片沉厚、真誠的綠色，我將永遠珍藏心間！

　　這篇文章著眼於生活，構思巧妙，作者通過寫快遞員穿著墨綠色制服造訪過千家萬戶來讚美他們的奉獻精神。開頭的引入和切入主題簡潔而自然。文章將人和景自然結合，描寫也很細膩，結尾也注重了點題，讓「那一片綠色」變得具體。文章的語言生動活潑，充滿生活氣息，給人回味。

廖海燕

方便

馬思嘉

江蘇省海州高級中學二○一三屆
愛好文學藝術，喜歡旅行和幻想，喜歡生活中一切美好的事物。
我熱愛文字世界，因為它讓一切奇跡都成為可能。在這個世界裡，
我們都是自己的國王。曾獲省高考杯作文大賽二等獎。現考入西北農林科技大學。

那天，我蜷縮在厚重溫暖的棉衣裡，隔著被寒冷氤氳得一片模糊的窗，隱約地聽著風的咆哮和雨的冷歎，沉浸在硝煙漫漫的三國世界，於刀戟絲竹聲的縫隙裡，我聽見了數聲淒厲的鳥鳴。幾許好奇挾帶著一絲莫名的惻隱之心，我走到窗前，看見兩隻渾身濕透的小麻雀站在雨棚庇護的窗沿上，腦袋上的絨毛已聳立起了幾根，在風中哆嗦著。

又一聲淒厲的鳴叫，更添了些悲涼的意味。我想要打開窗放它們進來，又怕驚動了它們，讓他們連歇腳的地方也沒有了。它們互相對視了一眼，又各自向冷雨中鋼筋鐵骨的城市迷茫無措地看去。不知哪來的決心，我小心翼翼地低下身來，使它們看不見我這個龐然大物，然後用手指一點一點地，艱難地移開窗戶。讓我驚喜的是它們竟全然不覺，也許是它們靈敏的神經在寒冷的氣流中已經變得麻木了吧。

當冷風灌進我的身體時，我停止了動作，偷偷看了它們一眼，轉身悄悄離開了，心中不住的祈禱它們可以發現那個溫暖的縫隙。等了一會兒，我失去了耐心，又悄悄走到窗口。孤獨的鐵欄杆上沾滿雨珠，升騰而上的煙霧顯得更加邪魅而張揚。在這樣悽惶的雨夜，我失去了兩顆溫暖的心，孤獨和挫敗如雨水般傾覆了我全部的

世界。鳥類已經喪失了對人類的信任麼？我無力地關上沉重的窗，一塊石頭從心的深處下墜，始終無法到達盡頭。

又一聲淒厲的啼叫如利刃劃破了我心中的惆悵。我轉頭一看，兩個小傢伙正落腳在櫥櫃的邊緣，見我發現了它們，立刻驚恐地撲棱著冰冷潮濕的翅膀，在障礙物重重的狹小空間橫衝直撞。我在角落鋪上些棉絮又撒下些穀粒，悄悄地離開，給它們一點安穩棲息的時間和空間。做完這些，我心中空虛的地方不再如無底深淵，似乎已被我親手為它們鋪下的棉絮填滿。晚些時候，我又忍不住偷偷地跑去看它們。一小塊溫馨的角落裡，它們相互依偎著睡著了，我猜想它們一定飛入了森林的夢境。我亦進入了安穩卻不能平靜的夢鄉……

第二天，我打開陽臺的窗，在藍的炫目的神聖天空的召喚下，它們神氣十足地拍了拍不安分的翅膀，清鳴幾聲，飛去擁抱那陽光四射的自由世界。在這個龐大的星球上，微小的我，也只能為這可愛的生靈提供一夜的住宿之便，卻無法給予更多的生靈以方便。人類為了自己飲食的方便，觀賞的方便，乃至取樂的方便，攫利的方便，肆意的捕捉和獵殺各種生靈，摧殘地球的健康，把黑色的煙霧推向蔚藍的天空，把沉重的鋼筋刺向慈愛的大地，扭曲了本真的靈魂，亦把自己推向萬劫不復的冥海！

莊子曰：「天地與我並生，而萬物與我為一。」人類為何不可以由愛己推及珍愛一切生靈？瘋狂的摧毀，恐怖的電鋸聲日夜響徹在亞馬遜大森林的上空，純黑的靈魂，早已不顧「杜鵑啼血猿哀鳴」的慘況。發展經濟以實現全世界的共同富裕麼？這不過是一個可笑的藉口！大批的百姓因饑餓而骨瘦如柴，無數的生靈因流離失所而瀕臨滅絕。我們是不是應該靜下心來，回味一下童年的綠樹山川？那「雲無心以出岫，鳥倦飛而知還」的清新閒適，可有人有福消受？那麼多人願意用萬金購買一隻金毛獵犬，如同自己的孩子般日夜予

以呵護；那麼多人為了牟取暴利，把貧苦人民棄置於坍塌的煤礦下，攜款潛逃；那麼多人，那麼多生靈，卻如詩中所雲「寒雞得食自呼伴，老叟無衣尤抱孫」……

人啊，犧牲一點口腹之欲的方便，給其它生靈提供力所能及的方便，換來的也許就是某些生靈的一世安寧，最終為人類自身提供長久的便利。你，一起來吧！

生活即作文，作文即生活。發現生活中的美，能寫出好文章；抓住生活中的痛，也許能寫得更深刻。文章憂思、反思的情懷是最值得我們關注的，這和二〇一三江蘇高考作文的命意是一致的。此外文章在語言表達上頗見功力，擅長描寫，古詩文名句也能信手拈來，實為不易。

李如鳳

綠色生活

王明航

江蘇省贛榆高中二○一○屆
一個很不安分的年輕人，成就不足，理想有餘。大學裡，
由理轉文，辦《某人說》網站，申請休學，為成為合格的農民工代言人而進建築工
地打工……我不是偏執狂，我只是有個物欲不強的理想。現就讀於大連理工大學。

看了這個文題，才發現，很久，沒去回想了……

還是毛孩子的我們，流連最多的地方，就是那片田，那段河
岸，那艘斷槳的船……從清晨到傍晚，從春天到下一個春天。

初春，殘餘寒意困不住愛動的我們，我們眼裡，只有破凍的
水，抽芽的柳條，和河裡不怕冷的野鴨子。扯一風箏，狂奔在河旁
的麥田，蹦呀、跳呀、吼啊、喊哪、累了，躺下；困了，睡會；醒
了，接著蹦跳。管它幾天後莊稼的主人是否找上家門。麥田旁的小
河，河邊的柳樹，樹上的鳥，也一直陪我們在笑……

笑走了春風，笑來了知了，笑彎了麥腰，夏天就到了。我們的
夏天，從不拘泥於掛曆上那特定的某張紙，只要河水暖了，可以下
水洗澡，我們的夏天就到了。總是幾人晃悠在綠樹成蔭的河岸，互
相咕噥著，下去吧，下去吧，不冷了，你看水底那魚游得多歡哪。
終於，幾人脫光了衣服，決定下去時，誰又說道，等兩天吧，等兩
天吧。

於是，另幾人相視一笑，那人就被抬著扔進河裡了。下了河，
才發現，原來河水真的已經暖了。稚嫩的身子，翻滾在清清的水
裡，在不懂得用「享受」一詞前，我們就只是笑。於是，水裡，成
了我們又一個撒歡的地兒。直到夕陽掛在樹梢，用最後一抹餘暉和

樹葉擁抱，吻別之際，我們才戀戀不捨地上岸，穿衣，和那樹，那岸說再見……

很快，夏天，只有下年才能再見時，秋季就來了。什麼都成熟之際，我們的小河也成了亭亭少女，恬淡，文靜，翠鳥借來燕子一身禮服，冒失地衝去吻上這姑娘的面頰，一圈一圈的紅暈便散開來……可是，她是不會介意與我們這群孩子親密接觸的。

於詩意的情境下，我們自然會做一些詩意的事情。撐一支長篙，向蘆葦更深處漫溯，滿裝一身鴨蛋，舉著鴨蛋放歌……可每當傍晚準備滿載而歸向家人邀功時，總發現口袋裡已沒了鴨蛋，只有那破了許久的洞。於是再次後悔，並暗暗發誓回家一定把洞口縫上。可回了家，除了烤在鍋底的地瓜，其它什麼都忘了。

於是，漏掉的就不只鴨蛋，還有整個秋天冬天只剩滿世界的嚴寒，企圖困我們於屋內。我們不像小河，冷得必須套上一層厚厚的夾克，我們會跑上冰面，和北風一起滑來滑去，飛一般的感覺。整個河面成了一方鏡子，映照出天空的湛藍。

日復一日，年復一年，漸漸遠去了，那麥田，那河岸，那叢叢白髮的蘆葦，那清澈透明的河水，還有水面調皮的野鴨子，及空中那暗戀小河的冒失鬼……

回家，再回那河邊，看到的，已是成排的工廠，污濁的河水，水面再沒了蘆葦，只有髒臭的漂浮物，能看見的動物，也只剩死去的雞鴨了……

我失望，我彷徨，我想問，誰能還我，還我幼時的歡笑，還我姑娘般的小河，還我那久違的綠色生活？

本文是二〇一〇年江蘇省高考滿分作文。文章亮點很多：首先是段與段之間頂真式的過渡技巧。例如前段結尾寫「也一

直陪我們在笑」，後段開頭則寫「笑走了春風，笑來了知了，笑彎了麥腰，夏天就到了」。這樣縝密的文脈句讓人讀來歎為觀止。

其次是真摯而生動的細節描寫和簡潔、凝練、純樸的語言。像「蹦跳」「游泳」「撐篙」「滑冰」等細節，傳神地表現了兒童時期鄉村生活的「綠色」——詩意、本真和趣味。

最後一點是結尾處的今昔對比和「誰能還我那久違的綠色生活」的深思，昇華了文章的主旨。雖然前文寫四季，無一「綠色」，但又無一不含「綠意」。

而這諸多的亮點其實都在這一條「小河」裡，沒有真實的生活體驗是斷然寫不出這極具真情實感的文字的。生活才是寫作的「源頭活水」！

仲玉梅

人在高三

崔佳

徐州高級中學二〇一二屆
我有一顆清明而有理解力的心，很難平白生起，卻詮釋出「只有在苦海中逆風汎渡，
來來回回地衝突和掙扎過，生起才不退轉」的屬於文字的篤實。
或許只有在我的筆鋒之下，世間才縮小至沒有快捷方式。就讀於廈門大學。

　　意氣風發的高一，如花美暮的高二，似乎僅僅在為高三做著準備，漫長的過程吊起眾人的胃口，卻遲遲見不了門開，見不了山現，於是高三成了神農架裡的野人，越傳越可怕了。有人說高三是世界第九大奇觀。縱然集艱苦、挫折、疲勞於一體，可還有那麼那麼那麼多人為它赴湯蹈火，後來有人在火中涅盤，成了鳳凰；有人則在火中淪落，成了分化無影的塵。可怕嗎？別怕，因為怕也沒用，中國的孩子命中註定要受此一劫。記得《聖經》中的潘朵拉魔盒嗎？這就是我想像中高三的最佳喻體，我堅信在所有邪惡與災難囂張後盒底的希望便油然而生了。

　　從翔字樓搬到這裡，在適應新環境中混混沌沌看過了四次月相的更替。人在高三，我們依舊會說會笑會放縱，笑著面對「死亡」，若不是視死如歸，那定是尚且不知「亡」為何物的幼兒。也許我們便是後者，依然還處於幼兒時期，依然乳臭未脫。

　　「苦中作樂」被我們玩到了極致：站在陽臺上，比賽拋紙飛機；將討厭的蒼蠅夾在窗戶縫中，看著它東撞一頭，西撞一頭，然後像小白那樣的笑……苦是咖啡的本質，樂就如一塊小得可憐的方糖，即使有那麼點甜味兒，也是為苦作著鋪墊。我說了，你不懂，咖啡苦不苦，只有自己最清楚。

高三的學生是學校中的「長老」，像金庸筆下的周伯通，表面的稚氣並不能掩飾內心的「衰老」，我們會時不時地懷舊。有人說：老人是往事的奴隸。而我們常常樂此不疲地回首，與許我們真的老了。想進校初的軍訓，想第一次一起過的元旦，想我們興師動眾地排課本劇，想高三前那個流火的七月，我們一起流浪陽朔的日子。望文生意，大家總說七月流火說明天氣極熱，實則相反，從那天開始天變得漸漸涼了，火一樣的紅色激情將遠逝，於是高三臨了。

　　人在高三，是年輕與衰老的混亂期，活在昨天與明天中，常常自失。所以我一直告訴自己要穩住陣腳，穩住，穩住！放學後，大家都拼命地往外擠，我不想擠，落進人云亦云的群體，於是在喧鬧過後，我會與土土或只是獨自一人穿過陽光下或月光下的梧桐道，靜靜地，那是一種氛圍，也是一種心情。彼班早已開始了倒計時，那樣太殘忍，彷彿是鮑西婭最後判決夏洛克一點一點來割安東尼奧的肉。可能真得滴不下一滴血了，因為血早已乾涸，隨之而來的是麻木。這是個極端，極端的人是危險的，守著不堪一擊的堅強像暮春的山櫻，美麗，又略帶憂鬱。歲月需要我們精心維護，同時我們也需要歲月的精心維護。

　　困啊，上課也能睡著，可總是做不了夢，或者說閉上眼睛還是現實，咱們逃不掉。其實我從沒想過要逃，就算輸也要輸得「風光」「無悔」，並肩的戰友們會與我一同堅持到最後。我們已經喊過「衝啊」，就已沒了退路，那叫破釜沉舟。人在高三，心不由己，生活像打盹兒時做的課堂筆記，不僅別人看不懂，自己也看不懂了，每天在既定的軌道上跑啊跑啊，卻總也看不清終點有什麼。只是不覺間桐葉落了，也許它又受到了什麼挫折；可這個世界上不會只充滿悲觀，所以在寒風中，銀杏黃得華麗，楓葉紅得妖嬈。我不是銀杏，也不是楓樹，縱然是梧桐，我也不會消極，失敗又怕什麼呢？心情像初冬的陽光，略帶寒氣的溫暖。

是啊，我偶而會坐在陽光裡的秋千索上，搖啊搖，憧憬我的廈大，火紅的鳳凰木，羊蹄樹下的白花瓣；一陣陣海風，一塊塊綠地；芙蓉宿舍的飛簷，三家村的海報；嘉庚樓的陰雲，吉他聲中的夕陽……多幸福啊！我不是狐狸，但大學卻著實是我翹首以待的籬笆裡的紫葡萄，快了，只盼在一場暴雨過後，籬笆牆倒了，紫葡萄乖乖地躺在地上。

那時，我獨享甜蜜！

高三波瀾不驚甚至是漣漪不起的表像下，掩蓋著多少脆弱，潛藏著多少堅強。

每天早上看他們埋頭苦讀，聞著桌上濃濃的咖啡香，我只能掃掃地面、擦擦瓷磚、鋪鋪講臺的桌布來掩飾我的不安與心疼。我和他們同樣煎熬著……

作者以親歷者的視角，把高三人的平靜、躁動、歡樂、悲傷描摹得細膩而又生動。細讀她記錄的每一個情景，都有寓意潛藏其中。

高三生總是感歎自己老了，那是相對於青澀的高一、高二的學弟學妹。殊不知三百多天以後，當他們蹣跚進大學，彷彿一夜間練了神功，他們瞬間又成了最青澀、懵懂的一群，呵呵！

加油，每個高三的孩子！因為夢想尚未實現！

錢駿

CHAPTER **04**

思想厚度

讓思想為作文導航

江蘇省贛榆高級中學 趙仲春

（江蘇省中學語文高級教師、江蘇省贛榆高級中學辦公室主任）

巴斯卡說：「思想形成人的偉大。人只不過是一根葦草，是自然界最脆弱的東西；但他是一根能思想的葦草」。我們的作文不缺華麗新鮮的詞語，不缺優美動人的修辭，唯獨缺少的是思想。思想是在具體的事件和情境中，明得的道理，獲得的感悟，取得的思考。只有有了思想，作文才會富有生命的質感。但是，時下許多作者在作文中所表現的思想卻是灰色的，因為它並不是自己思考和感悟的結晶，而是屈從於對社會主流思想的迎合，是成人思想對自身的強加。

一位高考作文閱卷老師說：「高中生作文，只有情調，沒有情懷。」更有閱卷老師感言：「高中生作文存在著『低幼化』的傾向，到了十八歲還停留在八歲左右的思想水準和情趣上，不能不讓人感到可憐。」其實，高考一類作文評判的首要標準不是文采，而是思想——深刻的思想。在評價文章的三個維度——義理、考據、辭章之中，古人是把義理放在第一位的；在評價作文的三個維度——思想、內容、表達之中，高考評分標準是把思想放在第一位的。那麼，如何增加我們作文思想的厚度，讓思想為作文導航？

閱讀的厚度決定著作文思想的厚度。生活是解決「寫什麼」的問題。巧婦難為無米之炊，有米下鍋是寫作的前提，用來寫作的「米」就

是生活，於是有人說，「生活是寫作的源泉」。沒有人能脫離生活而存在，可學生寫作文就是沒話可說。顯然，現實生活和進入作文的生活不是一回事，這就需要思想了，用自己的眼睛觀察生活，用自己的大腦發現生活。觀察到的生活是表像，發現的生活是本質，只有深入本質的生活才能進入作文，才是自己對生活的體驗、感悟。一般來說，一個人的思想會隨著年齡、閱歷的增長而日益成熟。但面對高考的高中生實在是等不及，需要提前支取，而提前支取的一個最好的辦法是讀書。讀書不僅是讀文字、讀故事，更是在和作者對話，進而和自己對話，從這個角度講，讀書就是「讀腦」，讀別人的腦子，進而豐富砥礪自己的腦子。讀過余秋雨、周國平、愛默生、裡克爾等的文章的學生肯定會有這樣的感受：讀書能加速人的成熟。而人一旦對生活有了自己獨到的看法，作文也就自然與眾不同了。因此，讀書的厚度就是作文思想的厚度。

閱讀是寫作的基礎，閱讀過程是一個資訊獲取過程，而寫作過程則是一個資訊輸出過程。沒有大量的閱讀做基礎，要寫出好文章是難以想像的。人們說生活是寫作的源泉，而對於「三點一線」生活範圍狹窄的學生來說，閱讀更是寫作的源泉。所以，要想寫好作文，必須進行大量的閱讀。

立意的高度決定著作文思想的高度。審題立意是寫好一篇文章的關鍵，如同修一條高速公路，建一處高層建築，初期的勘察設計非常重要。二〇一三年江蘇高考作文是命題作文。通常講，這種形式的作文，在審題立意方面的難度不會太大，然而，這也容易麻痹一些人，認為在這方面不需要花費過多的時間。如二〇一二年江蘇卷的「憂與愛」：

有人寫個人學習生活中的「憂與愛」，有人寫父母對子女的「憂與愛」，有人寫社會上不同人的「憂與愛」等等。這不是說這些內容不能寫或寫不好，而是說如果在審題立意方面過於隨便、過於輕泛，就會導致大量千人一面、萬人同腔的平庸之作的氾濫。

語言本身是思考的工具。寫作不只是語言表達的事，它也應該是思想認識的事，作文理當具有較高的思辨要求。一些論者認為要本著塑造現代公民的理念和人文精神引導學生關注現實，呼籲作文要有思想。西方有哲人說「我思故我在」，反過來說「我不思故我不在」。作文應是個人思想的結晶，有感而發，是心靈的流露。有些人寫作片面追求詞彙華麗，結構工整，但缺少一種鮮活的生活體驗，沒有自己的心靈感悟。這樣的文章就是無病呻吟，讓人感到膚淺而單薄。用心觀察周圍的人和事，以自己特有的目光來看周圍的變化，沉下心來思索，這樣寫出的文章才會有深度。

感受的深度決定著作文思想的深度。思想的深度是指作者觀點能切合實際，透過現象挖掘一些本質性的規律性的東西，體現出一定的理論高度和思維深度。思想深度往往表現在作品的哲學的真理性、歷史的縱深性、人文的深刻性、政治的敏感性等方面。

作文需要個性思想的支撐。作者要表達自己對自然、社會、人生的獨特感受和真切體驗，要體現自己的創新。作文應該是思想和個性的展示台，而不是技巧與模式的集散地。冷靜反思我們的作文訓練，不難發現，應試的作文模式使作者丟失了「我」，壓抑了「我」，作文中到處充斥著假話、空話、套話、矯情、虛情、俗情。

個性與思想應該是統一的，個性是思想的個性，思想是個性的思想。作文中不能用幾條規範標準代替自己豐富的思想活動，應該使自己思想的觸角伸向生活的每個角落，伸入更深的境地。只有擁有了自己個性的思想，才能見解深刻。表露自我的真情，寫出獨到的感悟，發表自我獨立宣言，張揚自我語言風采。這樣，就可創作出一篇與眾不同的出彩作文。

恪守「度」

陳銳

江蘇省贛榆高級中學二〇〇九屆
有自己的思想，多情中不乏睿智。
現就讀於香港理工大學。

琉璃，純淨剔透又可吸納華采，單純如一又可化身萬象，晶瑩澄澈的背後，工藝師多一分則焦、缺一分則澀的精湛技藝，那對「度」的把握，令人歎為觀止。

生活又何嘗不是如此，適度是人生的第一要則，花因我們太過熱烈的愛而凋謝，弦因我們太過熾烈的撥動而崩斷，學會適度，將生命演繹得精彩而又輕鬆。

當喬伊娜在跑道上毫無預兆的倒下，相信每位熱愛體育的人都為這朵奇葩的凋謝而惋惜，過度的勞累使體育天才過早的殞逝。

當枯萎的河伴著受精的魚卵一同死去，河岸邊的柳木船化作了泥灘上的點點磷火，守船的老人守望成了一方小小的墓碑，井越打越深，水越退越遠之時，人們能否意識到對自然的過度索求封殺了人類的退路？

是的，沒有適度的原則，我們如何能夠在忙碌的生活中適時放慢腳步，去領悟細雨打芭蕉的意蘊，去聆聽花開的聲音？沒有適度的原則，我們又怎會放下手中的獵槍與心中的欲望，還白鶴遼闊的蒼穹，讓林間的精靈不再哭泣？

學會適度，給生命加上一絲穩健。其實，「度」又何止對個人重要，對集體對社會又何嘗不是一項準則。

大名鼎鼎的華爾街，一頭是標誌性的銅牛雕塑，另一頭是十七世紀的教堂與墓地，中間不過百米，從牛市的輝煌摔到地獄，也不過幾個小時，在華爾街的繁華與忙碌中最缺少的就是「度」。「貪婪就是美德」終於讓它吃盡了苦頭。此次的金融風暴，不就是因為投資者們只顧利益角逐而忘記了對「度」的恪守而造成的嗎？無休止的欲望用血和淚的教訓讓人們在塵世的浮華中明白了「度」，幾百億美元的灰飛煙滅終於喚醒了人們心中沉睡多年的適度原則。

　　但為什麼只有教訓才會讓人們銘記？

　　當然，適度不是中庸，並不是讓我們畏首畏尾地生活，拿起該拿起的，是強者的氣魄；放下該放下的，是智者的灑脫，其中的「度」，是值得人們一生玩味的課題。

　　記得弗拉門戈舞嗎？年輕的女郎旋風初起，雲翼驚展，風馳電掣，舞成九天魔魅，忽然，在一個誰也想不到的瞬間，提裙鶴立，靜若止水，令人久久回味，其中的度，是永遠的玄機……

　　　讓我們從這個浮躁的時代中清醒過來，明白什麼才是我們要遵循的根本準則。華爾街風暴以慘痛的代價給人們以警醒。而作者也敏銳地捕捉到這一顫動，有了自己的認識。凡事有「度」，但現實中的人們往往在起初的冷靜淡定之後被紛繁蕪雜的現象沖昏了頭腦，變得躁動。作者對此生髮思考，提出見解，告訴我們都要恪守「度」。

　　　　　　　　　　　　　　　　　　　　　　　　　　　王經軍

一個被稱做學校的地方

呂安琪

江蘇省常熟市中學二〇一二屆
溫婉靈動，聰慧可愛，喜愛閱讀，喜歡寫作，渴望靈魂可以在高處。
現就讀於北京大學。

每一次歷史的風雲際會，都關乎一個被稱做學校的地方。

諸侯割據，群雄並起。孔子在杏壇講學開千秋之智。「仁」與「禮」的光芒照亮了春秋戰國殘酷血腥的天空。

吏治腐敗，國土缺失。朱熹在白鹿洞書院授書。從此，「士為節而死」的道義立成了黑暗天穹下的錚錚鐵骨。

道德淪喪，世風日下。希臘先賢在雅典學園中辯論、詰難，發出了「美德即知識」的醒世呼喊。

如今，杏壇已經成為神話，白鹿洞書院靜靜佇立在廬山深處的一隅，呂克昂學園被時間碾碎成衛城腳下的一抔土。但《論語》在穿越數千年的歷史長河後仍閃耀著智慧的光芒；理學教會了人們如何「格物致知」、「明德新民，止於至善」；希臘的民主自由影響了歐洲幾個世紀……學校的影響從來都是深遠持久的。

正如「大學者，不謂有大屋也」所言，學校之大在於思想豐富。有些大學在歷史的滌蕩中誕生，為人們創造了寶貴的精神財富。而它們自己，也鑄成了永不磨滅的文化符號，永遠給人以振奮、啟迪。如同我們念及北大，就會想到那些激進的革命者在這裡為宣揚民主科學作出了怎樣的努力，就會想到《新青年》是怎樣為中國青年敲響清夜的鐘聲。如今的北大，儼然成了中國最先進思想的代名

詞，博雅塔是理性嚴謹的象徵，而未名湖則代表著民主自由。

有些大學永遠湮沒在時間長河裡，但我們永誌其精神。我們不會忘記西南聯大在戰火紛飛的年代創造出巨大的學術成就，不會忘記那些放棄國外優厚條件和安定生活而堅守在貧陋窮簡的聯大校園裡的學者教授，正是他們對祖國的拳拳熾愛和堅貞的民族氣節創造了學校的傳奇。

因此，我堅信學校的精神重於思想。如果說思想是一個學校的智慧，那麼精神就是一個學校的靈魂。靈魂不存，智慧焉附？可是，我們無不痛心地看到某些大學文物系主任為錢利迷惑，作出違背歷史真相的鑒定報告，也曾聽說大學教授製毒販毒的醜聞。我們時常質問為什麼中國的大學出不了學術成就，永遠無法躋身世界頂尖大學之列。我想這大概就是癥結所在。當人們被物質金錢所包圍，當我們的教育都急功近利時，頭腦中如何會有智慧產生？社會上的風氣固然會影響學校，但學校同樣可以引領社會風尚。昔時康有為舉變法大事時，曾強烈提議開設新學，商討國事。因為學校彙集了社會上最優秀的人才和最先進的思想。學校的變革必能帶來社會風氣的開化。當今社會，我們更需要一種卓然的學校精神，一個潔淨的校園環境，一套綜合的教育方法，一群有志有為的青年學子。如果每個學校有保留「一點浩然氣」，何愁沒有「千里智慧風」呢？

臨末，竊翻梁任公之舊曲作新詞以表心跡：「學校之雄於亞洲，則中國必雄於亞洲；學校之強於世界，則中國必強於世界！」為各位評委老師所笑耳。

作者呈現在我們面前的不僅是貫中西、縱古今、隨心所欲、揮灑自如的語言功底，更是感悟生活、觀察社會的非凡能力和自

由徜徉、努力攀登的思想高度。一雙發現生活的慧眼，一顆感受生活的真心，才有了她的〈一個被稱做學校的地方〉。

正如作者所說：「寫作其實是一個思考的過程，在思考中辨明世事真相，在思考中品味人生百態。文字讓人純粹，讓人睿智，讓人在感性中保持清醒，在理性中尋得溫暖。」

姚春紅

潭影人生

李想

西安交通大學蘇州附屬中學二〇一二屆
細膩內秀，對生活的體悟，順著筆尖緩緩流淌，如一潭綠水，
溫婉沉靜。現就讀於英國利物浦大學。

　　天是均勻安靜的灰色，潭邊小飯館亮起了橙色燈牌，窗上映出端盤子少年的輪廓。此刻日月潭終於告別書頁，印刻在我的視網膜上，真真切切，觸手可及。

　　搭乘遊艇，掌舵的人是個約莫四十歲的中年男子，膚色黝黑，腰微駝，他邊開船邊和我們聊天，在提及我們來自江蘇後，他突然異常興奮，笑著說：「好地方啊！我祖籍就在那兒！當年我爹跟著老蔣來到臺灣，就再也沒離開……」那男子的聲音充滿整個船艙，渾厚中帶著清朗。

　　靠了岸，我們揮手和船長作別，我望著這貌似從朱自清筆下流淌出的綠水，心裡泛起了說不清的微小波瀾。

　　「大家看我右手的方向！」我被身後這突然的高聲喊話嚇了一跳，循聲望去，見一個導遊拼命向湧動的人群揮著小旗，「這就是日月潭有名的阿嬤茶葉蛋！店主人從二十歲就在這裡，現在已有八十歲高齡！」話音剛落便有驚呼。

　　走近了，一個不起眼的小門面顯現了出來，門口一個破舊的木板上歪歪扭扭寫著幾個粉筆字「阿嬤茶葉蛋」。我往裡探了探，許是剛巧走開，並不見什麼阿嬤。屋裡只是些破敗的傢俱，最顯眼的就是一口很大的鍋，茶葉蛋堆疊如山，個個茶色正宗，茶香四溢。

貪婪的深吸這茶香，彷佛看見一個穿著亞麻色繡花襯衣的老嫗，滿頭的銀白被一個黑色鏤花箍匝住，光潔而整齊，從袖口裡不時抽出一隻乾枯的手挑撥滿眼茶色，目光溫暖如燈，似挑逗籃中嬰兒。她不在叫賣，很少抬頭，生意清淡之時，只是安靜端坐，攥緊手心裡的佛珠，偶而目光投向眼前急行的路人，卻也無半點乞意。眼神雖顯遲緩，暗濁的瞳仁卻常映出往日舊影……

　　四周清幽靜逸，嫋嫋有暗香浮動。眼前的日月潭似往下沉了幾沉，綠的愈發深濃。我不知為何要這般細心勾勒一個素未謀面的陌生人，似本就深藏心底，只是彼時拭去其灰，移至眼前欲與其對話。從二十到八十歲，簡單幾字，一個粉面明眸的少女變成了佝僂老婦人，但轉念：人生代代無窮己，江月年年只相似，這不得不說是大自然有意的昭示與啟迪。方才船長的模樣和他說「一直在這開船，不想離開」的幸福表情也一併湧來，一生賣茶葉蛋或一生開船，潛藏的是自甘清冷卻堅定的堅守，遺忘的是生命的衝撞與對峙。

　　我突然感覺到一種超脫的柔軟。想起那日晚自習後登上教學樓的最高處，外面的街景是精心挑抹好的暗橙色，車燈穿過濃霧直刺而來，行人是小小的灰色質點，或急或緩地移行。周圍各種聲響宛若自遙遠處飄來，心境與環境有如此默契，尖銳的東西突然失了棱角，有一樹圓圓的綠蔭覆過周身。而潭影中的人，懷揣著一份更為深微更為精緻的心志在此修行。日子過得似水流長，安靜無波瀾，每一個日子卻琳琅如瀲瀲波光，平靜流逝，不想挽留，亦無可期許。我們年少之時不論出自何種原因，邁上的那條路充滿未知，但我們執拗地堅守，無關他人無關時代。物質只是時光裡的塵埃，順應天地之道，一心向善，不動聲色，盡其充滿。最後什麼也忘不了，也什麼都記不住，永遠留在當年私闖入的邊境。

　　隱匿在潭影中的船長和阿嬤，在風起雲湧中找到了自己的生存

方式。「讓生命與繁華相愛，即使歲月以刻薄與荒蕪相欺」，自己的繁華，只能自己尋覓。

　　雲層變得格外濃稠，落日竭盡所能將餘暉從每一個可以趁虛而入的稀薄處散落。開始滴雨，日月潭彷彿又進入書頁的畫中，依稀還能看見遊艇在潭面劃過的水線，伴著茶葉蛋醉人的餘香。

　　作者眼中的潭影實則是人生的倒影，悠悠的潭水平靜幽深，折射出堅定超凡、自甘清冷的人生態度。文中的日月潭風景秀麗，遠離塵囂，被賦予一層精神棲息地的色彩；船長則是風雲叱吒後回歸安定，隱居自然的代表；賣茶葉蛋的老嫗作者其實未曾見過，基於自己對人生的思考和理解，通過細膩的描寫，合理的想像，一位甘於寂寞、堅持自我、輕視名利的超脫者的形象呈現在讀者的眼前。在思考和體悟中，作者的思緒飄飛到了自己最日常的那塊生活，「突然感覺一種超脫的柔軟」，將現代人在生活中複雜的感受融合在潭影給人的啟示裡，使整篇文章浸潤在有層次、有深度的思想內涵中。

李倩

槐樹禮贊

胡英闊

江蘇省贛榆高級中學二〇〇八屆

淺秋不識月，深冬卻了情。已是風雪飄搖日，流光花滿庭。

冷蝕猶不悔，獨笑留人影。玉肌歷練苦來香，任爾舞飛塵。

現就讀於南京大學。

　　我家門前有一棵槐樹，開滿了一樹的白色槐花，隔樹老遠，就能嗅到甘甜的槐香。滿樹的鬱鬱蔥蔥，綠色盎然，遠遠望去，像是披著白色婚紗待嫁的姑娘，嬌羞的很。她那筆直的軀幹，她那黝黑的樹皮，她那堅實的虯枝，支撐起整樹的綠葉和槐花。

　　還是三年前，父親買來這棵槐樹，當時她就光禿禿的枝幹，細瘦的枝幹，彷彿是營養不良，快要死去。我下之後，過了一個多月，她那細瘦的枝幹依舊細瘦，樹皮也沒有了光澤，一副垂死的樣子。我埋怨父親：「買來棵死樹幹什麼？豈不是浪費錢財。」父親沒有辯解，說：「還是等等看吧。」隨著時間的推移，我就漸漸地將這棵樹遺忘，因為我在縣城讀書，很久才回家一次。

　　買樹的第二年夏天，我放暑假回來，渾身的汗水，十分難受。還未至家門，在巷口便望見一株白裡透綠的樹，鬱鬱蔥蔥，頓時感到一股涼氣從心間流動到全身，很是清涼。越走越近，聞到嫋嫋槐花香，一縷一縷，直鑽入你的鼻子裡，彷彿有一種甜甜的味道。我詫異，去年還是瘦弱的一株，毫無生命的跡象，瀕臨死亡的邊緣，最後竟然長出這般亭亭玉立的模樣。她遮住了日，擋住了風，小鳥又在上面安了家。每當我從學校放假回來，一大早便能聽到鳥兒的悠揚的樂音，像是在招引同伴，又像是在一展清脆的歌喉。我詢問

父親，是不是給了她特別的照顧，父親說樹是從來不需照料的。

是呀！樹是從來都不需照料的，她靠著一己的力量，在艱苦的環境中打磨出一個可人的世界，送給熱夏一襲清涼，還給冷冬一絲生機。這不就像是中國大地上的億萬農民，為了生活，為了祖國，默默無聞地辛勤耕耘，吃著粗糙的食物，幹著繁重的體力活，為城市的繁榮和發展做出了偉大的貢獻。生活在喧囂中，卻依舊保持著憨厚樸實的精神，他們是中國的脊樑，雖是落後，卻能見出本真。

樹，一種偉力，一位鄉村哲學家，她是屬於鄉村的。在城市的記憶裡，樹永遠只是一種裝飾，一種裝點門面的工具。城市是功利無情的，她披著溫情脈脈的面紗，在絢爛的霓虹後面，隱藏的是一顆追名逐利的虛偽自私的心。鄉村，也只是淳樸的鄉村，才是樹永遠的家園，是樹的靈魂棲息之地，是樹的根。

鄉村給了槐樹生命的激情，鄉村中的人用生命與你共同體驗艱辛。

好的文章是有思想的，思想是文章的靈魂，就流淌在文字間。作者從槐樹的生長看到了生命力的頑強，時隔一年，槐樹就從垂死走到了生機勃勃，「遮住了日，擋住了風，小鳥又在上面安了家」，其中奧秘何在？父親說出了答案：樹是從來不需照料的，靠的完全是自身的生命力。是的，抵禦世間風雨的最大的力量就是生命力的頑強。不僅如此，作者還由樹到人，想到了與槐樹一樣普通的農民，他們的付出與得到是不對等的，可他們卻與樹一樣，有一種偉力，是鄉村哲學家。純樸的鄉村，生命的家園，文章的思想厚度不言而喻。

臧文淑

思想・社會・線

蔣童

江蘇省南菁高級中學二〇一三屆

書香門第，從小在書山書海中長大，尤其喜愛各國冷僻小說。

經常在犯二和冷靜中各種轉換。現考入南京大學。

借來一把斧子，梭羅闖入了瓦爾登湖。

兩年多的時間，他在恩師愛默生的這片土地上築屋建房、辛勤勞作，哈佛大學走出的這位哲學家與農人同樣地生產勞作，獨自享受自力更生的美妙，一如東方避世潛修的隱者。

然而兩年後，他毅然出山，那本「寂寞者的《聖經》」──《瓦爾登湖》也真正成為了暢銷榜上堪與《聖經》比肩的巨著。

在中國傳統的思想體系中，有一脈這樣認為：人與人之間毋須交流，無為即是有為，哲思之美才是天地的至理。正是這一脈中，出現了一批隱士，他們通通在思想大成後入山「靜修」，或獨自、或攜兒帶女，終是不下山的。他們也成就了一批以搜奇志怪為樂的小說家。

然而，千百年光陰逝去，他們的思想安在？他們的哲思安在？縱然「看上去很美」，這種出世的想法，僅僅使世上少一文人、多一農翁而已。可以說，他們對社會的進步和發展毫無益處，那些外表的「自由」、「美麗」、「超凡入聖」，只不過是掩飾其實質上空虛的假面具而已。

誠然，思考是美麗的，完善而積極的思想體系足以為人類帶來巨大的精神動力。

然而，一旦自由過度與現實脫節，那這些思想就毫無意義，與山間一滴水、湖上一尾魚無異，無法成為全人類角度的精神財富。遺憾的是，中國古代的思想者們大多與之看齊，往往思想一套行事一套。這也在無形之間導致了知識階級與廣大勞動人民的脫節，造成很可怕的思維匱乏。

哲學，是必須為方法論、為物質世界服務才能體現其價值的；思想，是只有付諸實踐，廣播於世人才能發揚其精妙的；文人，是只有心繫社會，將自己劃歸於勞動者之中才能真正變得有利於人民的。任何時代、地區有社會責任感的文人，都必須不忘那一根將自己與社會相聯繫的線，真正用思想為人民服務。這根線，才是文人們的生命線。

回到梭羅，人人只道其避世兩年成就偉大；但事實上，梭羅始終心繫外界，每過數日都會出外採購、販賣作物。更曾因拒絕納稅蹲過幾十小時的大獄，從中體悟到了影響後世極深的「非暴力不抵抗」的思想。可以說，就連他這一生最為離群索居的兩年，他都從未放鬆過與社會相連的生命線，這才是他成功之本。

「人是會思想的葦草。」巴斯卡漏說了一句：只會思考的葦草，還只是葦草。

考場作文寫到如此深邃，不得不讓人佩服！作者的思想見底，閱讀積澱實在令人羨慕。作者說，和社會的聯繫是文人的生命線。這是智慧的聯想和發散，而這種智慧來自作者比同齡人深刻的思想。梭羅闖瓦爾登湖，寫《瓦爾登湖》，人與自然和諧共處，讓多少疲於奔命的俗世之人欽慕。但是作者看到的不僅是這些，他更看到的是梭羅和社會的聯繫，「連他這一生最為離群索居的兩年，他都從未放鬆過與社會相連的生命線」。比

別人多掌握一點、多想一點，思想的基礎就產生了。

更可貴的是作者對於文人與社會關係的認識超出了傳統的見解。他跳出「窮則獨善其身，達則兼濟天下」的傳統認識，提出「獨善其身」最多只能「成就志怪小說家」、「超凡入聖」是「空虛的假面具」、知識階層與百姓的脫節造成了真正意義上的「思想匱乏」等許多振聾發聵的觀點。有聯想、有觀點、有創新，自然就有了思想。

劉正旭

整理

盛星瑋

江蘇省南京市第十三中學二〇一二屆
二〇一二年江蘇高考語文成績一百四十三分。現就讀南京大學。

世界紛繁複雜，可有人偏要從一團亂麻中整理出個頭緒來，要將一切分門別類地整理齊整了。

你說，整理思緒，循著標準答案的方向去思考。

可約伯斯說：「遵從自己內心的聲音，找到適合你的方向。」於是，他放棄了大學，投入他愛好的電腦。於是有了總是身著高領黑毛衣，一直在奔跑，將蘋果變得不只是蘋果的約伯斯。

你說，整理秩序，讓世界按照資本主義方式生活。

於是，美國推翻了薩達姆政權，在伊拉克強行植入民主。在戰火尚未消退的大地上，伊拉克人民陷入前所未有的迷茫，這個多宗教的國家陷入到內憂外患中。而所謂的民主，所期許的美好未來，路在何方？

你說，整理文化，將本國文化融入世界，成為世界文化。

可是，一曲〈蝗蟲天下〉擊碎了你的美夢。早已回歸祖國的香港尚有著與我們不同的文化價值觀，同出一脈的漢字卻有了正統漢字與殘體字之分。龍應台強調在文化價值上的對話，在文化上求同存異，至此，你還要整理出什麼來？

我們不是孩童，不是簡單地將一切分門別類，再打上統一的標籤即可的。擺在我們眼前的是世界，紛繁複雜，你所到的每一處都

有不同的世界觀、價值觀。沒有一條標準普世於世界，沒有一種方法放之四海而皆準。

那我們，所要做的就不再是整理，而是對話、融合。

你有自己的聲音，卻不能強加他人，而要讓世界聆聽。

你有自己的秩序，那就「修文德以來之」，讓世界效法。

你有自己的文化，就要保護、發揚，與世界文化撞擊融合，讓你的文明傳揚四海。

紀伯倫說，你一直在走，卻不知道要走向何方。希望我們永遠不會有這樣一天：你一直在整理，卻不知道要整理出什麼來。

很多考生在審題立意時無法跳脫，選擇諸如整理儀容整理房間整理社會風氣等等，並肯定整理是一項意義非凡的工作。這一常規思路循規蹈矩，很難產生令人眼前一亮的作品。而本文卻跳開常規思路，反彈琵琶，開篇即亮明立場；之後，三個反復「你說」，說明了整理思緒、秩序、文化的不可行性；接著，深究其理，無法整理是因為「沒有一條標準普世於世界，沒有一種方法放之四海而皆準」。正是因為認識了世界的複雜性，小作者最後提出了自己的「整理觀」，整理不應是簡單的整理，而應是對話、融合。

全文思路清晰，先破後立，層層深入；言語不多卻能撓到痛處令人信服。另外，尤為值得一提的是，小作者眼界開闊，關注世界文明與文化，並形成了自己的價值判斷與理解；全文用例富有時代特徵與文化氣息，體現了較強的公民素養。由此可見，寫作的的確確是一件「功夫在詩外」的藝術。

徐雁

文化反思

賈玥

江蘇省常州高級中學二〇一三屆

文靜內斂，淡定從容。喜歡讀書，始終保持對現實清醒的認識；

也愛幻想，生活因此而多彩斑斕。現考入東南大學。

　　培根說：「文化有可淺嘗者，有可吞食者，少數卻最重要的則需細嚼慢嚥。」而觀當下中國，只可「淺嘗」的平庸文化、「吞食」的速食文化大行其道，而被其稱為「最重要」、需細品的民族經典文化卻飽受冷落。

　　書架上，教人升官發財致富的書比比皆是，而蘊藏民族苦難記憶的革命史書寥寥無幾；青春文學、都市言情氾濫成災，魯迅、艾青被淹沒在角落無言；網路歌曲讓人眼花繚亂，京劇又有誰來問津？

　　個體精神文化的缺失令人遺憾，而整個民族精神文化的缺失更是社會的悲劇。

　　我認為，經典文化受冷落，整體精神文化的下滑是浮躁與功利的社會環境使然。

　　對於出版商、媒體而言，利益的最大化已成為他們行事的不二準則。包裝、炒作明星，大肆渲染來求得民眾的關注；冷落經典，以所謂「推陳出新」甚至以解構經典來吸引民眾興趣，激起好奇心來牟取暴利。利慾薰心、浮誇而卑劣，媒體與出版人的功利主義直接導致了民族經典文化的式微。當以「南京大屠殺」這樣沉重的歷史題材為背景的電影爆炒床戲價值，製片人會不會抱著自己的節操

無眠？

　　而對於普通民眾而言，在「金錢至上」的社會大環境下，我們也逐漸浮躁、功利，讀書是學習如何致富，娛樂是求聲色的享受。林清玄曾說：「我一直以為當時最缺的，一為從容，二為有情。」追名逐利的我們，不夠從容，只能看見魯迅文章的晦澀難懂，又怎能品出其作品中的「中國式生命」？浮躁功利的我們又怎會「有情」？有誰還能真正體味「為什麼我眼裡常含淚水，因為我對這土地愛得深沉」的訴說？

　　經典文化常常承載著過去的靈魂，引領著現在的生活，昭示著未來的方向，若是一個民族長期陷入經典文化精神的缺失，必然會落入空茫，停滯不前。而要改變當今中國的現狀，我認為需要教育先行。俄羅斯的街頭都是果戈理、托爾斯泰的塑像，《戰爭與和平》是從小學生到博士生必讀的，也是必考的內容，一個民族的經典文化是民族的風骨與魂魄，加大宣傳和引導，加強教育的力度，宣導媒體去關注經典的價值，讓民眾感受經典的力量，意識到其重要性，這是呼喚經典文化回歸的第一步，路還很長。

　　當孔子學院在國外辦得熱火朝天，我們又何時才能擺脫「牆裡開花牆外香」和「數典忘祖」的尷尬境地？

　　文化反思這一話題意在引導學生關注社會、關注文化，在泛娛樂化的這個時代，大家都有感於此而扼腕歎息、痛心疾首，賈玥同學不是慷慨激烈地批判一番了事，而是能理性冷靜地深入思考展開分析。首先，她能立足於社會悲劇層面進行反思，開篇便彰顯了其思想的高度。接下來分析原因尋找根源，從出版方、普通民眾兩方面深入解剖，直擊問題的實質。最後，「如何改變現狀，我認為需要教育先行」，如此深遠的思考真正顯

示了其思想的厚度。其間，經典語錄信手拈來，現象列舉發人深省，中外對比鮮明有力，這一切都告訴我們，唯有大量的閱讀與思考才能提升思想的境界，增加言說的厚度。

周麗

龍袍上的血斑

于珵珵

江蘇省海安中學二〇一三屆

稻田谷粒的芬芳，朗朗清月的光潔，小橋流水的淡雅，這些都是我的追求，

也是我致力於通過文字傳遞的意境。人生路途瞄準目標，

沒有快捷方式，一步一個腳印。現考入香港大學。

　　一件碩大的龍袍趾高氣揚地挺立在一隻長方體玻璃展櫃中，整件龍袍莊嚴肅穆，似躺著的中國歷史那般神聖。即使是隔著玻璃，也清晰可辨那精緻的針腳被歷史一針針縫補著。透過時間與空間，那袖口與袍邊的祥雲圖案雖有些褪色卻依舊搶眼，尤其是那條龍，似騰雲駕霧，直入霄漢。

　　這是今年夏天我跟隨爸爸到歐洲旅遊，在英國最大最悠久的阿什莫爾博物館中國展區看到的一件驚世駭俗的展品，它歷經幾百年的滄桑，仍舊熠熠生輝，似乎要穿越歷史，向我講述它的輝煌以及背後的悲壯故事。

　　我正讚歎這是一件極品時，猛然發現龍袍上的龍頭那兒竟有一塊小小的血斑，無情地遮住了那本應最具神態的龍眼。感覺整條龍頓時因這塊血斑變得毫無生氣，整件龍袍也黯然失色。竊以為：若能將這塊血斑給去除掉，這件龍袍豈不更堪稱精美絕倫嗎？

　　恰巧身旁站著一位老者，鬚髮花白，他和我一樣是遊客，但他神情凝重，眉宇間隱透一股深深的憂思。我不解地問他，為何不用高科技把這塊斑袪除掉。老人靜靜地盯著龍袍，語氣沉重地說：「這塊血斑的確使龍袍不完美，但它卻是一段活生生的歷史的見證，你不覺得帶著血斑的龍袍才是真正的歷史嗎？」於是，他向我講述了

這件龍袍的來歷。

當我再次凝視那血斑時，一幕幕沙場征戰、宮廷爭奪的刀光劍影浮現在眼前。那血斑，是「寧教我負天下人，休教天下人負我」的曹孟德征孫權討劉備沙場血跡的遺痕呢？還是「問君能有幾多愁，恰似一江春水向東流」的李煜亡國之歡嘔吐的鮮血呢？亦或許是開創「貞觀之治」發動玄武門之變的李世民兄弟相殘的印證？歷史的悲風獵獵作響，多少故事令人不堪回首。

於是，我懂得了那血斑似乎已不是瑕了，連微瑕也算不得。若這龍袍沒有那血斑，又怎麼會引起我，以及像我一樣的人在此駐足，在此幽思。那血斑記載了一段段生動的歷史，它是歷史的靈魂。歷史正是因為有了這樣的「瑕」才造就了它如此無與倫比的「瑜」。對待歷史，有時我們總是喜歡錯把表面的「瑕」看成歷史的污點，自以為是地塗改著，卻不知它才是歷史最好的見證者。這次我頭腦中突然想到一個愚蠢的人——王圓籙，當看到敦煌石窟裡的壁畫顯得暗淡，他便拎來一桶石灰，毫不猶豫地將壁畫全部刷白，殊不知他竟刷去了獨一無二的歷史，真是愚昧之至，愚蠢之至。

歷史不總是強盛、繁榮、歡歌的體現，它更多交織著滅亡、衰弱、殺戮，去除「瑕」的歷史，就不是真實的歷史。

請保留那龍袍上的血斑，讓人們永遠能看清歷史的真實，永遠銘記真實的歷史。

本文由自己在一次旅遊時看到一件帶有血斑的龍袍，聯想到沙場征戰、宮廷殺戮、亡國悲痛，從而引發對如何看待歷史中的「瑕」的思考，隱含著余秋雨先生「文化苦旅」的韻味，體現了作者洞察的目光、敏銳的心靈，能夠激起讀者對如何對待歷史的深思，文章聯想豐富，思想深邃，立意高標。另外，本文

2
0
0

筆尖上的成長：名師帶你讀作文　卷一・上冊

用詞富有形象性和立體感，如開頭寫龍袍不是掛在玻璃展櫃中，而用「趾高氣揚」一詞，活脫脫地寫出了龍袍的「龍氣」和「霸氣」，再如寫李煜「亡國之歎嘔吐的鮮血」，一個「嘔吐」活生生地刻畫了李煜的內心慘痛。作者通過這些形象和立體感的詞語描寫，能給讀者身臨其境之感，與之共驚共奇共歎共悲。當然文章的結構開闔有度，嚴整自然，亦值得學生參照。

唐步榮

給司馬遷的一封信

裴曉康

江蘇省東台中學二〇〇五屆
讀書與思考，是我生活的全部。現就讀於清華大學。

司馬遷老先生：

近來無恙乎？我早就拜讀過您的大作《史記》，為您華美的文辭和淵博的知識所折服。但是我不得不遺憾地告訴您，您老的《史記》在廣為流傳了兩千年之後，已經面臨賣不出去的窘境。要問為什麼，您老還是睜開眼睛看看現在的世界吧！商品經濟的時代，哪樣東西不講究包裝？像您這樣因循守舊、不懂包裝的老土作家，恐怕早因稿費斷絕掛筆，另謀他職去了。像您老寫的這樣一本土得掉渣的《史記》，賣得出去才怪呢！您該怎樣包裝您的《史記》，讓我給您一一道來。

一曰「易名」。像「史記」這樣的名字，太平淡了。而您開始起的書名「太史公書」，那更是毫無新意，根本不能吸引讀者的眼球。您看郭敬明的《夢裡花落知多少》，多有詩意！您再看韓寒的《像少年啦飛馳》，知道啥意思麼？不知道，這就叫「新穎」！像您這部《史記》，可以改成《中華歷史巨典》，用分量嚇人；或是《一個身心俱殘之人的記述》，用感情動人；或是《歷史啦飛逝》，用古老壓人。模仿未嘗不是一個好方法。

二曰「增版」。一本書只一個出版社出版，這太不值了。您看余秋雨的散文集，多少個出版社出版過！您完全可以與多家出版社

同時簽約，只需稍微更改一下書名包裝就可以了，如這些書名，《太史公自評史記》、《太史公說史》……這樣一來，坐在家裡拿數份稿費，豈不快哉？

三曰「拆分」。像您老人家寫的這部《史記》，乖乖，七十二列傳、三十世家、十二本紀、十表、八書，厚厚一本大磚頭，拿在手上都嫌重，誰愛買愛看呢？您應該出單行本，一篇或幾篇為一本，用大號字體印刷，再請人畫一些插圖，就像郭敬明的《島》一樣，每頁都是畫，畫旁幾行字，這才叫「美觀大方」。這樣一來，書的定價還肯定不菲，您老的口袋不就鼓起來了？

四曰「裝幀」。好的裝幀是好書的一半。您的《史記》的封面最好用表現時空感的現代抽象畫，用硬書皮精裝，外面再加一個漂亮的盒子。另外，現在一些超強人氣作家寫的煽情的書隨書還贈送一方手帕。我看您老完全可以效仿，在書盒子中放入有您簽名的竹簡。看，多有歷史分量，這樣的書才會被作為禮物很快熱銷，價格往上增長幾倍也是搶手貨。

另外還有許多包裝的方法，在此不絮談。望您老慎重考慮後與我聯繫，我們會為《史記》提供最好的包裝。

謹再拜

一位具有市場眼光的書商

×年×月×日

司馬遷《史記》，稍有文學常識的人對此都心懷敬意。作者另闢蹊徑，以「一位具有市場眼光的書商」的口吻對「恐因稿費斷絕掛筆」的司馬遷進行指教，對「土得掉渣」的《史記》重新包裝發表看法。從「易名」、「增版」、「拆分」、「裝幀」四個方面談包裝的作用，痛快淋漓地揭露了當今文化出版界以至

讀者的偽飾和淺薄，讓人在產生共鳴的同時發出會心的一笑。

王兆平 胥照方

朝碧海，暮蒼梧
——讀《文化苦旅》有感

徐碧澄

江蘇省如皋中學二〇一一屆
熱愛生活，追求新鮮的事物。相信人生是一場靜悄悄的儲蓄，
每一種經歷每一次付出都對應一種收穫，只在時間早晚。
現就讀於北京外國語大學。

既然是漂泊旅程，那麼，每一次留駐都不會否定新的出發。

——余秋雨

　　當被人類的精神成果困在書房中，壓抑地喘不過氣來時，余秋雨遲疑地站起身來，離開案頭，換上一身遠行的裝束，推開了書房的門。

　　陽光海水般湧進了屋，塵埃靜靜地漂浮。他的目光掃過城市上方被高樓大廈劃得破碎的天空，耳邊冥冥，迴響著一個古老民族的殷殷呼喚。

　　於是，擎著文人的筆桿兒，懷揣著深切的憂慮和迷茫，他出發了。走過莫高窟和道士塔，王圓籙彷彿還在那裡對著馱滿卷宗的車馬鞠躬；走過滄桑巨變的陽關，沙墳如潮，寒峰如浪；三峽險灘流過劉邦的遺託和李白的詩篇，黃宗羲登上的天一閣在歷史風雨中飄搖；高大的貞節牌坊赫然立在童年鄉間的路上，曾經的美麗女老師不知身在何方。

　　他爬過山，也曾行過船，安靜下來的時候是在新加坡的日本人墳地前，一邊聽說他們的故事，一邊對照自己民族的苦難。

　　在讀完《文化苦旅》後，內心三分驚秫三分鈍痛，餘下的便全

是苦了。什麼是苦？不是跋山涉水餐風飲露後的筋疲力盡，而是一種把靈魂貼近民族的創傷，卻無法憑藉一己之力為她治癒，唯有與她一起流血的煎熬。

在這種煎熬中，歷史的車輪碾過太湖的水，碾過中部荒涼的沙漠，轟隆隆前進著，日新月異。

我看得見高樓拔起，道路開拓，夜晚的霓虹交織城市的夢境；也看得見社區文化建設，愛國教育的宣傳；也有慈善募捐活動，也有愛心志願的計程車穿梭過城市的街道。

溫暖麼？溫暖。當大地龜裂，我們用勇敢抗爭過死亡，用善良築起了天堤，用勤勞和信念重塑起家園。

可是，還有很多很多的珍貴文物流落世界，不知何處；一些少數民族的語言還處在瀕危的境地，像藥髮木偶一般，一些特殊的文化遺產因為特殊的原因不能得到傳承；熱情高漲地前往紅色旅遊景點，忙著拍攝留念，有多少人能靜下心來，聽見博物館裡屬於歷史的聲音？看不清時代的發展，依舊沉浸在民族間的仇恨裡，把將會挑起紛爭的郵件互相傳遞⋯⋯

我們愛著自己的民族和國家麼？愛。可是我們該如何更好地去愛呢？現代青年中，多的是盲目性的崇拜、憤青式的熱愛，對自身民族的文化、歷史，又有多通透呢？這些激烈的情感有如一股巨大的洪流，在建國六十周年之際，砸在我們的身心上，令人欣慰，卻更令人擔憂。這是一種理性的文明麼？這是真正的文明麼？我們的民族，蒼老的中華民族，能有力氣立在這樣洶湧的潮流之中麼？

余秋雨在自序裡說道，任何一個真實的文明人都會自覺不自覺地在心理上過著多種年齡相重疊的生活，沒有這種重疊，生命就會失去彈性，很容易風乾和脆折。

不僅僅表現在外表，我們，華夏子孫，需要更深層次的內省和思考，來充實我們自身，充實我們的文化內涵。不管是春溫秋肅，

還是大喜悅大悲憤，最後請閉一閉眼睛，平一平心跳，回歸於歷史的冷漠、理性的嚴峻。

所以，余秋雨出發了，行在了夜航的船上。身後是屹立三千年的山，腳下是流淌五千年的水，艄公們講的，是滄海變桑田的神話。讀萬卷書，行萬里路。浩瀚卷帙，權當是背上的行囊，只有踏踏實實地走過，走過山重水複，走過厚實的大地，方能換得萬般的思量。

如何保護好那些珍貴的文化遺產？如何正確處理科學與古老風俗的關係？如何傳承國學，於細節中展示個性？如何才能讓那些一度睥睨天下的古城再展雄風？如何引導國人解析歷史，以合適的心態面臨曾經的恥辱和仇恨？

這些沉重的問題，需要一個民族一起靜下心來，一起思考。思考社會的安康，思考民族的使命，思考歷史和世界。

千龍乃出一驪。只有一個在實踐中追問，在思索中成熟的民族，才能真正驕傲地立於世界之林。

一如徐霞客所說，大丈夫當朝碧海，暮蒼梧。

沒有思考厚度的生活總是枯燥如水的。如果有時間，就出去走走吧。立到先輩們曾經站立的地方，讓唐風宋雨讓晉代遺風讓戰國的金戈鐵馬，磨去我們最後的少年輕狂。只留下開始成熟起來的精魂，俯瞰大地。看源自世界屋脊的江河，觸摸過我們奔騰卻又寧靜的思維，匯入汪洋，融合進世界的潮流裡。

也許待到那時，我們真的會顯示出一種苦澀後的回味，冥思後的放鬆，焦灼後的會心。

還有，屬於我們中華民族的，蒼老後的年輕。

文章美在思與言，情志極於憂與愛。有一種情懷叫做追隨。

《文化苦旅》——「文化」是一個民族的精氣神，「旅」是於追隨中求真知。「苦」字點出了余秋雨先生這本散文集的主旨！何為「苦」？何來「苦」？想想「貞觀之治」、「康乾盛世」，再想想我中華民族之近代百年屈辱史，答案不言而喻！一個國家不可以沒有自己的文化，一個民族不能沒有自己的精氣神！小作者以《文化苦旅》為線，意與秋雨先生融；以筆墨為針，凝神靜氣，言為心聲，縫製出這篇流淌自心底的文章，僅是希望我們能夠摒棄自卑式的媚外，冷卻憤青式的狂熱，面對世界的潮流，錘煉民族的精魂；能夠讓我們「朝碧海，暮蒼梧」，讓我們的民族於蒼老中獲新生，再次屹立於世界民族之林！這「苦」是「憂」，更是「愛」，好一篇醒世箴言！

劉國良

末路

何傳磊

江蘇省徐州第一中學二〇一三屆
好讀書，愛屬文，能夠隨遇而安。高中生活既苦且樂，
自以為是個有心人，時常用隨筆或日記的形式來記錄生活的點滴。
語文學習上在下有一薄見，那就是多讀多背多積累，所謂熟能生巧。
現考入山東大學。

　　項王軍壁垓下，兵少食盡，漢軍圍之數重。終於到了末路的時刻，當四面唱起楚歌的時候，你可以想像項羽的驚訝、焦躁的神情，沒錯，劉邦要的就是項羽的焦躁。

　　已經突不出去了。項羽想像過自己黃袍加身，一呼天下應；想到過自己進軍咸陽城，屠殺百萬民；想到過劉邦被自己逼得走投無路，跪地呼主的狼狽模樣……聰明如項羽，唯獨沒有想到的，便是自己會輸。

　　有些人輸了一輩子，如劉邦，百戰百敗，卻未曾困絕，究其緣由，其後方有蕭何之輩給饋餉，不絕糧道，眼看敗下陣來，手握糧草，振臂一呼，又是一路大軍；有些人贏了一輩子，如項羽，百戰不殆，垓下之圍卻使他不復再起，只因糧道為彭越之流所斷，兵盡糧絕又如何力挽狂瀾？

　　夜幕已然降臨，無言的夜，對項羽來說，更是無言的悔。他悔恨自己一時心軟，鴻門宴上饒過劉邦，當真放虎歸山，後患無窮；他後悔自己沒能聽從范增的建議，總是自以為是，一意孤行；他悔恨自己太聰明，從而見不得別人一丁點超過自己，妒賢嫉能，當手下的人一個一個離你遠去的時候，項羽，也飽嘗寂寞的滋味。

　　韓信走了，英布走了，有名的沒名的，或為利益所迫，或和自

己道義相悖，都走了。

還有一個人，沒有走。

她自始至終，沒離開過。

她絕美的醉顏上，流露的是病態的殷紅；青絲三千，曼麗無邊；貝齒輕咬，神態安逸。她溫柔，她決絕，她無畏，她堅毅的雙眸成了天上人間絕無僅有的神采。盈盈一笑，笑得淒美蒼涼，美得驚心動魄。

得佳人如此，夫復何求？楚霸王飲上一口濁酒，悲歌慷慨：「力拔山兮氣蓋世，時不利兮騅不逝。騅不逝兮可奈何，虞兮虞兮奈若何！」

在這寂靜的夜裡，項王悲歌，滿腹的憤懣被宣洩的一乾二淨。兩句「奈何」，是對牽掛的留戀，抑或是對命運的不平。楚地盡失，你無可奈何。

虞姬含淚和之，淒豔婉轉，亦可見其堅貞。「漢兵已略地，四方楚歌聲。大王意氣盡，賤妾何聊生？」

劉邦導演的垓下之圍，帶走了西楚霸王全部的榮耀、光環甚至生命，卻終帶不走他的愛情。好個虞姬，你讓豪邁的西楚霸王又添一份浪漫的纏綿，你讓「虞美人」三個字，成了一個千年無數文人詠歎不朽的美學詞牌。

霸王別姬，走向末路，從此，歷史上又多了一位失敗的英雄。

荊軻是失敗的刺客，項羽是失敗的霸王，蘇東坡是失敗的政客，袁崇煥是失敗的將軍……我時常為這失敗者的魅力所著迷，只因其多舛的命途以及戲劇式的命運讓同處人生上下沉浮跌宕不已的小人物產生惺惺相惜的喟歎。說到底，人生一帆風順，平步青雲的人實少，更多的是一世平庸難成豐功偉績的芸芸眾生。

「盡吾志也而不能至者，可以無悔矣。」明白了這句話，你也就懂得了荊軻臨死前一擊不中發出的仰天長笑，項羽烏江自刎流露的

堅毅目光，王安石二次罷相歸隱田園的閒適安逸，蘇東坡一貶再貶寫下的灑脫文字……而你我，也在這條人生之路上，演繹著各式各樣的因果輪回般的離合悲歡。

何傳磊同學在理科生中屬於比較感性、比較細膩的男生，他的文字更傾向於用故事來呈現自己對人生的思考，霸王別姬的故事人們並不陌生，文章的三分之二篇幅用流暢的語言再現當日情狀，裡面有《史記・高祖本紀》中的細節，有古詩詞的積累，事件描述比較清晰流暢。最後一部分既點到「末路」的題目，又昇華了主旨看到這些末路英雄的熠熠光彩。嚴格意義上說，這不是一篇考場作文，而是平時的一篇隨筆，所以在記敘文字後又加了近三百字的議論，這種文體在考場上值得商榷。

王海燕

憂與愛

田雪妮

江蘇省贛榆高級中學二〇一二屆
享受夜深人靜時讀書的愜意，忠實哈利波特粉。
喜歡獨處的閒暇時光，時而安靜時而瘋狂。想獨自去倫敦。
現就讀於對外經濟貿易大學。

　　茶與水的相遇，實在是一種前世今生的緣分。

　　我拂開茶葉盒的蓋子，用指腹撮了一把茶葉撒進圓滾滾的茶壺，細長幹硬的茶葉撞擊白瓷的壺底，如碎玉落進深澗。滾燙的開水大口呼吸著湧進茶壺，彷彿迫不及待去擁抱一個早已註定的誓言。茶葉以近乎瘋狂的姿態旋轉、舞動，一瞬間充斥了茶壺中的天地。

　　愛茶，不僅僅是喝茶。新茶，老茶，看似神聖虔誠無比的茶道，關於茶的一切。

　　愛茶，大概源於茶的普適性。黝黑粗壯的漢子大碗喝茶，爽口解渴；相知多年的朋友聚在一起，共飲一壺，那些自不必說的情分或人生感懷，都沏進小小的杯裡；與世無爭的雅士，禪居深山的老道，品茶，自得其味，一杯清茶，便氤氳了天地人。

　　我小心地挪開茶壺的蓋子，茶葉已完全舒展，清綠的水面上浮著泡沫。一切歸於寂靜，我彷彿聽到了一聲細細的歎息。

　　誰在歎息？誰在手捧著溫熱的茶杯，滿懷憂愁地歎息？

　　既愛，又怎能不憂？

　　不論是中國的茶道還是日本的茶道，都講究四個字：和、敬、清、寂。只是在穿越了千百年古道茶韻的今天，誰又能褪去鉛華，閉門喧囂，再為自己沏一盞茶。

他們互相炫耀，自己茶葉的尊貴，茶具的精美。他們從冰箱裡取出裝在塑膠瓶子裡冒冷氣的茶飲料。不由地擔憂，源遠流長的茶文化將如何保持其充滿古意的純粹？

想起洪應明在《菜根譚》中所寫：「茶不求精而壺亦不燥，酒不求冽而樽亦不空，素琴無弦而常調，短笛無腔而自適，縱難希遇羲皇，亦可匹儔秘阮。」真的，「茶不求精」，只要「壺亦不燥」即可，品茶即是品人生，又怎能不令人擔憂，虛誇和浮華污染了那一壺清茶，最終遮蔽了曾經嚮往真實的人生。

愛茶，卻也憂茶。那份清澈澄明的熱愛永遠不變，那種沉甸甸的憂愁也真實存在。憂與愛不論如何交錯，最終無言，就都化進杯中，啜飲，細品茶中的苦與甜。

我端起桌上的茶杯，茶已涼了，有半卷的茶葉半沉半浮在中間，像有一個古老的傳說在沉沉的空氣中凍結，露著一半熱愛，卷著一半憂愁。

高考滿分作文可遇而不可求，田雪妮同學以輕靈的抒情文字述說對茶文化的憂與愛「妙手偶得」。首先源於作者豐富的茶文化積澱，當考場上茶文化與「憂與愛」碰撞時，電光石火，文思泉湧。「和、敬、清、寂」，日本茶道的精髓她頗有心得；「茶不求精而壺亦不燥，酒不求冽而樽亦不空……」洪應明在《菜根譚》中對「茶」「酒」的描述，她爛熟於心。真正是「腹有詩書氣自華」。其次源於她機智的文筆，她以精微的刻畫，滲透深摯的情思妙在「過程」的展開曲折有致。能夠將簡單寫得豐富、複雜，將感受變得微妙、綿長、強烈，正是文學的妙用。而概括、點醒處，要言不煩，則又是此文精思所在。

袁仁堂

直面彎路

劉昱麟

江蘇省東海高級中學二○一三屆

一朵飛絮都有了韻致，一粒微塵都成為嚮往，一個擦肩的路人都是前世的約定。陽光把幸福撒在臉上，喚醒嘴角的弧度。現考入南京大學。

畫一條長長的、長長的地平線，彷彿這一筆就畫開了一段傳奇。

旱風不減，沙海不息，綿延萬里的沙漠彎路上蓦地躍出你直面的身影。

三千年前，你不忍看見被沙漠吞噬的家園的斷景殘影，看那風沙肆虐地遊蕩在昆侖山下，告別了溫煦的亞熱帶的河灣，毅然肩負起抗擊風沙的神聖使命。你知道，命運將引你走向無盡的彎路，但是作為胡楊，你從一開始就確定了生命的最高旋律，直面那大自然的暴戾。

跋涉重重山關，道道險途，抗擊風沙，營建綠洲，你從容應對。儘管千年的重擔讓你力不從心，但你從來不曾後悔選擇自己的命運，彎路只會使你的幹、你的脊、你的魂更加挺立。聽從了巍巍昆侖的召喚，你就是真正的沙漠勇士，直面屬於自己的光榮戰場！

歲月就像一把冷鋒，一次次揮動，最終割斷了你與文明的情義。文明在這裡退場了！胡楊有淚，雖敗猶榮！

晶瑩的一滴，滑過多少苦難與曠世的憂傷！文明的進程總不是徑直的。

曾經的輝煌文明被風沙揉搓成四散的沙粒。那曾經狂嘶的烈

馬，飛旋的胡舞，血刃的利劍，悠揚的羌笛，甚至綿延萬里直達長安的長城，都被歲月洗禮得斑駁蒼涼。

還記得你曾陪伴的絲路行者，在無盡的絕望中蜿蜒地走向你，依偎著你安然睡去。儘管黑色的流沙吼叫著掩蓋了行蹤，接管了行囊，收留了行者，但你卻默默守住了他帶著民族風韻遊遍外疆的夢境。

西風烈烈，日月輪回。文明早已在獵獵西風中摧梅折枝去。此地絕跡，又該何處去尋文明今世存在的證據？漸漸地，你發現本不屬於文明範疇的自己，卻早已烙上了文明的痕印。

你的腳下就是文明存在的最後一寸土地。文明已逝，我自文明！

你的人民堅強，你堅強；你的人民不屈，你不屈。文明的彎路走得太過辛苦，你的人民都倒下了，唯有你含淚直面無盡的綿延。沒有太多綠葉，證明你的年輕；沒有太多目光，證明你的傲立。你也曾期盼明月，期盼朝陽，期盼春風浴，但是逆風不解，挾雨伴雪，成就你的另一種傳奇。直面文明的艱辛歷程，路途彎曲，精神直立，因為你清晰地看到，縱然你倒下，身後依舊有萬萬計的你！

無論自然與文明，彎路永遠存在，而直面的胡楊挺立在彎路兩側，比永遠還多一棵！

這是劉昱麟在高三「一模」考試中所寫的高分作文。對「直面彎路」這個題目，他沒有泛泛而談，而是選擇沙漠中的胡楊作為寫作物件，扣住「直面彎路」的內涵，做出自己個性化的解讀。小我中獨善自己，大我中胸懷廣宇，文章從自然與文明的角度，寫出了胡楊面對大漠風沙肆虐的環境，從容冷靜、積極樂觀的正確態度，表現出胡楊傳承文明、精神直立的可貴品

格。「日月兩輪天地眼，詩書萬卷聖賢心」，劉昱麟同學平日喜愛讀書，用心積累精彩語言，他的文章語言形象智慧有文采，表現力強，實乃厚積薄發。

桂榮

《簡‧愛》讀後感

孫藝瀚

江蘇省新海高級中學二〇一〇屆

非典型理科生，崇尚科學和邏輯，熱愛閱讀和寫作。

尤其喜歡《詩經》和漢樂府詩，覺得發自肺腑，不加矯飾，清麗自然，

在字裡行間能夠找到擊中內心的詞句。現就讀於清華大學。

很少有一個女子，可以讓我在黑夜中莞爾。

很少有一個女子，能夠讓我在白晝裡潸然。

可是為何只有她的言語她的笑，能觸動我心底最輕最軟的那一處，卻以這樣的溫柔，讓我堅定起來，義無反顧。

她是昂然矗立的女權圖騰柱，讓我心中通徹澄明，宛若蕩滌了塵埃的簡明乾淨，恍然解開無數心結，不再為窗外喧鬧所擾。

我喜歡用指尖反覆劃著紙張，看著他一聲一聲地喚她：簡妮特，簡妮特……這讓我溫暖又快樂，因為我也愛這個女子，她也許不是這個世界上最美的女子，但她一定是最美好的。

我欣賞她的堅定她的決絕。深夜裡我閉上雙眼，彷佛就能聽到那一個平靜裡張揚著幾乎要溢出的驕傲和堅定的聲音：「你以為，就因為我貧窮、低微、不美、矮小，就既沒有靈魂，也沒有心了嗎？你想錯了！我和你一樣有靈魂，也完全一樣有一顆心！要是上帝曾賦予我一點美貌、大量財富的話，我也會讓你難以離開我！我現在不是憑著習俗、常規，甚至也不是憑著血肉之軀跟你講話——這是我的心靈和你的心靈說話，就好像我們都已經離開人世，兩人一同站在上帝面前，彼此平等——就像我們本來就是的那樣！」就像我們本來就是的那樣。

字字句句，擲地有聲，哪怕面前是最心愛最珍貴的人，也毫不猶豫。即使愛得深刻，也有餘地迴旋至全身而退。她說：「有些人，給我不公平的懲罰，那我就不能不反抗。正如有些人疼愛我，我就愛他，或者是我覺得該受罰時，就心甘情願地受罰。」是的，她如此單純地愛著一切疼愛著她的人，為了所愛奮不顧身。可是她是多麼清醒而決絕地駁斥他的命令。是的，她為何「一定」要留下來？她愛的是面前的人，而不是自己的主人。如果挽留毫無意義，何必在糾纏中消磨？她渴望平等，她需要的是愛而不是寵愛。她不是他的寵物，不是他所控制的「機器」。她一定明白，兩朵雲只有在同一高度相遇，才能成雨。他們應是平等的，他們須是平等的。她愛他，他也愛她，這該是一樣的。她只是希望，在這一場笑與淚的付出與收穫中，她不會遺失了自我。

　　我欣賞她的柔情。當我看到她牽起他的手，做他的眼睛，做他的拐杖，微笑時彎起的眼睛裡總是不覺溢出眼淚來。當看到他們向「家」裡走去，我總是咬住嘴唇，說服自己不要為他們的幸福流淚。多麼漫長，多麼漫長。他們輾轉經年，終於還是牽起了手。他們千辛萬苦，終於還是尋覓到了幸福。我不相信那幸福是殘缺的，他只是失去了視力，失去了一隻胳臂，而不是失去了心，和她一樣的那顆心。那裡和她一樣，裝著滿滿的愛，只等向對方傾訴。那等待不長，卻剛好可以讓他和她都窺探到自己的靈魂深處，真正魂牽夢縈的人，可以讓兩人都冷靜而清醒地思考、斟酌、下定決心，究竟是誰該與自己共度一生。

　　她是理智的，從來沒有為愛情沖昏過頭腦，她是清醒的，她的善良不是愚善。「當我們無緣無故挨打時，我們應該狠狠地回擊。」是的，是的。她是強者，她不需要依靠他，他們相愛卻彼此獨立，各自保存著各自的驕傲和自尊。如此，相敬如賓，相濡以沫。

　　簡，簡，有時候我多麼希望自己也可以喚著你的名字，從你的

眼神中汲取一點堅定。只是你的堅毅你的好，會一直溫暖我的心，讓我在傷痕累累時，也有勇氣地回擊。

　　就這樣，某個夏天，一本叫做《簡‧愛》的書，以一個並非美豔驚人的女主人公，喚醒了我的堅毅。

讀後感不容易寫出彩，一不小心就寫成全面地介紹和評價作品的書評。讀後感應該容易寫出彩，自己是怎樣受到感動和怎樣想的，就怎樣寫。把自己的想法寫得越具體、越真實，文章就會情真意切，生動活潑，使人受到啟發。

作者開篇出手不凡，用詩一樣的語言一下子讓一個可以「讓我在黑夜中莞爾」、「讓我在白晝裡潸然」的女子抓住了讀者的心，接下來的行文思路十分清晰，「感點」明確──「她的堅定她的決絕」。「兩朵雲只有在同一高度相遇，才能成雨。」這樣的語言修養和表達不僅傳達出可以信賴的少年老成，也顯示了一定的文化氣象。

王曉青

記憶深處的腳印

王樞

江蘇省東台中學二〇〇五屆
因為讀書，有了對人生不同階段的思考和感悟，
慢慢學會洗滌自己的思想，慢慢地學著用自己的語言去表達自己的思想，
相互碰撞，產生共鳴。就讀於中國人民大學。

「印」，顧名思義，印記。泰戈爾強調天空不留下鳥的痕跡，但鳥已飛過。我們不能飛，能走，我們可以自豪地說：「地面上留下了我的痕跡，因為我已走過。」

出生才幾個月的嬰兒開始走路了。儘管第一步走得那樣踉蹌，邁步就摔倒了，也許根本就沒有腳印，但我相信，在父母的心中留下了一個很深的腳印。

林徽因早已超出了人們美女加才女的一般認識，她以自己的柔弱之軀扛起了建築學大廈的一根立柱。她隨丈夫梁思成到野外去考察，荒郊野嶺都走過來了。我相信在崎嶇的小道上，仍然留著她的腳印，一位放棄優裕生活而努力實現理想的女性的腳印。

世界上最著名的腳印莫過於「月球腳印」。那個大得出奇的腳印記錄了全人類的勇氣和智慧。宇航員阿姆斯壯邁出了一小步，人類在探索的旅程中邁出了一大步。

腳印代表了新生、探索和求知。

是人總要有回憶。歷史上有如此多的騷人墨客詠古傷今。那掩埋於黃土下的古棧道，那經歷風風雨雨的鐘樓，那輝煌不再的斷壁殘垣的古宮殿，不都是歷史留下的腳印麼？歷史留下的印記太值得我們去反思、去品味了。

科學的岔路口不計其數，無數的人前赴後繼，尋找通向光明的正確道路，絕大多數人失敗了。當達到光輝頂點的時候，回頭看那些錯誤的甚至走向不歸路的腳印，我們必會心生喟歎，我們只是幸運者。

腳印代表了回首與反思。

然而，腳印連接了過去和未來。誰說歷史的塵封喚醒不了蓬勃的生機？當千年古蓮種子開出的菡萏依然鮮豔時，當沉睡了幾百萬年的青蛙重新蹦跳時，你不得不驚歎它的神聖與偉大。

「印」，即印記，它會提醒你曾經的輝煌，它會啟示你追尋未知的蹤跡，它會鞭策你甩去失敗的陰影，它會促使你留下美好的回憶。

你所走過的腳印總是在你的記憶深處若隱若現……

腳印從古到今，腳印從無到有，腳印踩過崎嶇小路，又踏上月球的地面，還會通向不可知的領域。人類社會在探索中前進，人們的思想在反思後昇華。作者選取典型的事例，表現文明科學邁步的艱難和成果的豐碩，展示人類歷史發展的進程，立意高遠。語言老練，有整齊的美感又有閃光的理性，反映了作者較為開闊的閱讀面和一定的文學功底。

王兆平 胥照方

滿與空

李曉鷗

江蘇省興化中學二〇一二屆
喜歡無拘無束，喜歡悠閑自在。喜歡靜靜地聽歌，喜歡細細地看書。
最近看了大衛·尼克爾斯的《一天》，被這個浪漫悲劇故事所感動，
也因此喜歡上了該書作者。現就讀於湖南大學。

有一個很經典的問題，說的是人生有以下幾樣令人羨慕的東西：金錢、智慧、權力、美貌……如果只能選一樣，那麼你選哪樣？

我相信很多人都會猶豫不決，因為每一個都極具誘惑，丟棄任何一個都會覺得可惜，不過即使在這樣艱難的抉擇中，現實還是讓大多數人選擇了金錢。

而我，卻會選擇智慧，因為我不想做一個物質豐盈而精神荒蕪的人，這樣的人淺薄得可怕，也可憐。

我為我的選擇感到驕傲，因為在多年以前，一個叫史懷哲的法國人也作出了和我一樣的選擇，他放棄了優越的生活和前途無限的教授生活，三十歲後毅然改行學醫，只為了拯救非洲大陸上無數悲苦的生命，他懷著一顆悲憫之心踏上了征程，儘管一生貧困，磨難不斷，但他卻收穫了最珍貴的精神財富，贏得了非洲乃至全世界人民的讚譽。

再看看我們自己，在物質生活如此充盈的今天，卻不斷發生各種食品安全危機，詐捐門事件未平，郭美美事件又起……

我們不能不捫心自問，難道經濟的迅速發展帶來的竟是精神的淺薄與蒼白嗎？

我相信不會這樣，也不應當是這樣，我們可以去充實自己的心靈，讓心靈在最純真的自然與最美好的人性中得到豐富。

不禁想起楊麗萍，那個孔雀女神，在如今女星們以炫名包、炫品牌為榮的娛樂圈，在法拉利車展上挽著一隻竹籃從容參展，震撼全場，也叩問著每個人的心：什麼時候開始，包的作用不再單純，成了財富與身份的象徵？我們有多久沒有注意到大自然最無私的恩賜了？我們究竟還要在這樣無止境的虛榮與浮華中迷失多久？

也許會很久，也許只在朝夕之間。而阿裡木，靠賣羊肉串資助百餘名貧困大學生的草根慈善家用他最樸素的惻隱之心告訴我們，只要有一顆向善之心，人人都能收穫精神的滿足。

我們也有足夠的理由去相信，會有越來越多的「阿裡木」出現，來彌補這個世界精神上的缺失。

所以，在充斥著欲望與利益中奔走的人們，請緩一緩你的腳步，等一等你那荒蕪的心靈，讓它重新得到滋潤，變得充盈與美麗。

針對現實社會中人們對物質欲望的無限追求，文章表達了心靈的憂思。從問題出發，寫出自己對問題的認識，鮮明地亮出自己的思想；從史懷哲的人生寫到我們現實社會中種種的醜陋行為，再以正面的楊麗萍和阿裡木來證明，我們應該相信，精神的充實才是正確的人生，並且發出深情的呼喚：請緩一緩你的腳步，等一等你那荒蕪的心靈。「天下熙熙，皆為利來，天下攘攘，皆為利往。」而一個中學生能認識到精神的重要性，我們是否應該反思呢？

唐振海

物質文明與精神野性

楊柳

江蘇省如皋中學二〇一二屆
聰穎睿智，博覽群書，嚮往遠方的迷人風景。
現就讀於清華大學。

> 我瞥見一頭土撥鼠偷偷穿過小路，心頭湧起一陣奇異的野性狂喜。強烈地想要抓住它，把它生吞下去。
>
> ——梭羅《瓦爾登湖》

人類的歷史是生產力不斷發展的歷史，也是人類精神世界日趨豐富的歷史。

五千年了，物質文明已經發展到現在的程度，然而在物質文明的背後，一種原始的衝動仍一直以古老的血脈遺傳的方式繼承著，五千年了，從未間斷。

這是一種自多少年前海洋裡的那個細胞開始出現時起，就一直淩駕於生命長河之上的至高的規律，是人類的血液中不可磨滅的遠古記憶。這就是精神的野性。

文明與野性似乎一直是作為對立面而存在的。前者表現在物質上，後者表現在精神上，二者有矛盾性。前者追求秩序，後者嚮往不羈；前者是人類智慧的凝聚，後者是人類靈魂的奔突。而五千年的發展，足以使物質文明一步步將精神野性打壓下去，於是出現了都市中徘徊於霓虹燈下的人們。

他們目光呆滯，眼神少了些許鋒芒。

我們必須承認：物質文明促進了人類發展，但絕不意味著物質文明發展的同時，精神野性被磨滅。當然，也不可能。那條叫巴克的狗如此，人類也是如此。文明可以統一物質世界，但在精神上，必須有一處空間留給野性，必須要有一塊土地未被物質文明同化。

　　精神野性的精髓在於思想的獨特性。笛卡爾說：「我思故我在。」巴斯卡說：「思想——人的全部尊嚴就在於思想。」陳寅恪說：「獨立之精神，自由之思想，歷千萬祀與天壤而同久，共三光而永光。」心靈深處的那塊處女地，是物質誘惑侵入內心的最後一道防線，精神野性使思想變得自由，使靈魂獨一無二，使每一個生命個體不會因物質文明的發展而趨於同化。沒有精神野性，就不會有「我」，只有「我們」。沒有精神野性，哪有李白的不羈與飄逸？沒有精神野性，哪有梭羅的恬靜與樸拙？沒有精神野性，哪有海明威的堅韌與自在？

　　精神野性的力量是自由不羈的。物質文明與精神野性相互依存的。事實上，文明的發展需要精神野性的推動，或者說野性的張揚推動了物質文明的前行——沒有物質文明的進步和精神野性的張揚，我們也許還在東非大草原上被猛獸驅趕著，疲於奔命。而物質文明的發展到一定程度後，就應該呈現多元化與個性化，而絕不是同一化。物質文明的多樣化，反過來就會使精神野性的力量得到最好的釋放與表達。

　　如此看來，如果在這個物質的世界中放棄了精神野性，放棄了獨立的個性與追求，就不禁讓人可憐而可悲了。而梭羅的那種看起來瘋狂的做法，作為精神野性的回應也就顯得無比自然了。

　　也許有人會說：社會發展壓力巨大，梭羅的日子過不得啊！

　　當然如此，梭羅的思想與實踐也許真的不易複製，然而如果把精神野性只詮釋為去野外過幾年，就實在太膚淺了。只要在紛繁的世界中有自己的獨特體驗，有你的所思所想，在平凡生活中不失冒

險的精神，那麼每一天你都是自由的，充實的，嶄新的。你每一天的生活都是精神野性的完美表達。

　　沒有了物質文明，人類將生存艱難；沒有了精神野性，我們的心靈世界必將是一片荒漠。就是在這個層面上，物質文明與精神野性實現了和諧的統一。

　　這是一篇命題作文，難度很大，需要作者有開闊的理論視野和縝密的邏輯思維。作者條分縷析，絲絲入扣，行文自然，收放自如。

　　文章以梭羅的名言起筆，論證了「精神野性是人類的血液中不可磨滅的遠古記憶。」引用精當，譬喻貼切，用語自由灑脫，顯示了小作者厚實的語言功力。

　　緊接著文章反觀現實，物質文明高度發達的今天，人類迷失了自己，喪失了應有的精神野性。由此自然引出作者的論點：「精神野性的精髓在於思想的獨特性。」「精神野性的力量是自由不羈的。」「物質文明與精神野性相互依存的。」最後收尾點題，與開篇圓和呼應，渾然一體。

　　本文說理嚴密卻不古板，語言靈動活潑，讓人感覺到生命的律動。文章長短句兼用，自由靈活，富於變化。同時段落勻稱協調，語句相互勾連，過渡自然巧妙。本文以雅致的語言，把論述的物件表述得精確、縝密、明晰，顯示了作者思想的厚度。

顧樂遠

小人物

郭佳

南京市第十三中學二〇一二屆
書生意氣，指點江山，沉醉在自己的人生世界中，
希望世界大同，天下和諧。現就讀於南京理工大學。

　　吾乃一介庸碌書生爾，素身白丁，身無所長，亦抱以偏科之憾。故每每金榜高懸之際，常懷失顏喪面之恥。

　　諸如吾輩，乃小人物之徒，于吾師尊眼，定位卑言輕。吾等雅言直諫，或石入汪洋，音信杳無，或既遭痛斥，拂師顏面。

　　一日，會師侃侃：「人者，木桶也。為木桶所盛之水者，取其短而棄其長也。」吾聞，膩煩之，不悅之，已而擊案而起，怒而辯之曰：「此言謬也，吾輩甚奇之。人與木桶何似乎？何以比之？吾竊以為，身若木桶者，當比之。吾嘗聞，山以其峰而稱其高。

　　依吾愚見，人尚可與桶比之，亦可與山比之。由是觀之，人宜丈其長而量其能也。」言畢，滿座譁然。少頃，師斥之以異端邪說，惑眾妖言，以吾輩小人物之言而貽笑與大方之家。

　　吾師視吾為小人物，輕吾言，賤吾行，以吾為過，訓吾於眾。吾不忍，卒拂衣而去。於家，挑燈夜讀之，懸樑警醒之，苦想冥思之，孜孜求索之，不枉徹夜，卒有所得。

　　翌日，吾攜徹夜偶得，欲試與吾師再爭高下。

　　古之賢者，試以人桶相較，吾尚且苟同。然為木桶所盛者，若穢濁汙淖之物，雖板之長，桶之深，亦無所利也。

　　吾師聞之，切切以怒齒，睜睜以圓目，煙升七竅，火燒胸腹，

不想胡言亂語惑眾，而欲先殺後快解恨。遂以「小人物」之高帽以扣之，詰讓曰：「黃口小兒，人微言輕，禍水妖言，不足與信！」至此，吾以為長久若此，國必殆矣。民乃國之本，人物雖小，亦有其重。人言雖輕，亦有其妙。滂滂人徒，浩浩民眾，雖小人物也，卻居國人十之八九，豈可輕之？

然天下小人物，雖多以販夫走卒，屠狗漁樵，亦不乏英雄賢傑。大隱隱於市，身負奇技而不發，亦小人物也，亦大丈夫也。國有《憲法》曰：「民者，均享其言權」始於國家伊始，迄今未廢，足見其要。

古之小人物者若陳涉吳廣，王侯將相，寧有種乎；若天公將軍張角，蒼天已死，黃天當立；若闖王李自成兼資智勇，逆朱抗明；若天王洪秀全開眼世界，驅除夷虜。

今之小人物者若極妍之母吳菊萍，為救墜嬰，寧惜臂乎？若義俠巴郎阿裡木，蕩滌人心，惜其財乎？若肝膽春秋吳孟超，遊刃肝膽，誓言熄乎？若高義薄雲胡忠，胡謝氏，怒放熱情，抉擇悔乎？

此皆小人物也。假以社稷察納雅言，無所禁忌，官府不以人物位之卑而略其言，人之輕而塞其口舌，天下之望，百姓福祚，指日可待矣！

「小人物」小乎？作者認為不小也。作者認為自己即使是小人物，也值得尊重。

小作者先從自己和老師的對話談起，老師斥責己為小人物而不屑，從而引出對小人物的認識和看法，以及引出老師對學生教育的態度和看法。褒貶的色彩，一看可知，足以為我們老師所警惕。

語言乾淨老道，神態畢肖。文中寫到「切切以怒齒，睜睜以圓

目，煙升七竅，火燒胸腹，不想胡言亂語惑眾，而欲先殺後快解恨。」讓人想像老師之可惡。文中的議論有給人撥雲見日之感，尤其是最後三段，讀罷有酣暢淋漓之感。

小人物不小，小作者能夠辯證說理，能夠旁徵博引，談出自己的看法來，說明平時就有這方面的思考，到關鍵之時，便用得出來。

王傳軍

承受與享受

曹凡

江蘇省如皋中學二〇一三屆

淳樸開朗，樂觀善良，他文風雄健奔放，恣肆汪洋。

他的文字一如他的為人，剛正不阿，氣韻極佳。現考入東南大學。

前蘇聯偉大作家陀思妥耶夫斯基說：「我最擔心的一件事，便是怕我配不上我所承受的苦難。」人生不可能處處玫瑰，卻可能到處佈滿荊棘，我們唯一能做的便是在承受苦難中享受生活，這才能配得上那些苦難，無愧於人的尊嚴。

對於無法避免的苦難，我們大可淡然處之。哈佛校訓有言：「請享受無法回避的痛苦。」這些苦難是上帝派遣到我們身邊的天使，他們只是穿上了黑暗的斗篷，而真正的光環卻需要我們自己動手去尋找。承受苦難是一門學問。它不僅考驗我們的耐力、品格和膽識，更鍛煉了我們的能力思維胸懷。在承受中享受，就是在承受苦難時，汲取其中蘊含的道理和教訓，享受戰勝苦難的過程。史鐵生的苦難便是年輕有為之時雙腿殘疾，春秋鼎盛之際遭人生變故，但他沒有沉淪，他像一葉孤舟在海上靜靜地泊著，任他密雨斜傾。他說：「死是一件不必急於求成的事，是無論如何也不會錯過的節日。」在承受苦難的同時，他享受著以非常人的視角去審視世界的「特權」。他說：「我的職業是生病，業餘愛好是寫作。」正是他這份淡然，讓他寫下了《病隙碎筆》，這便是他承受苦難並享樂其中的結晶。

對於本可以避免卻又不幸被你撞上的苦難，朋友啊，不妨學會

承受與享受。承受這樣的苦難是不易的。再堅強的漢子遇到飛來橫禍，也有無力招架的時候。這時，請想一想巴爾扎克所說的「苦難，是天才的進身之階，是信徒的洗禮之水，是能人的無價之寶」，悟一悟雨果所說的「讓你的心中藏著一條巨龍，既是一種苦刑，也是一種樂趣」。我們應該學會承受，學會堅持。當然，學會享受苦難才是苦難真正的意義。談遷幾十年如一日，一夜之間，史學巨著《國榷》尚有餘溫卻被強盜擄走，卡萊爾嘔心瀝血終成《法國大革命》卻被無知女僕燒毀，如此之大的苦難常人是難以承受的，但他們做到了。多年後《國榷》新生，《法國大革命》重現，我想，這已超越承受苦難的被動，而是能主動享受苦難，享受重大創慟之後帶來靈魂的更新，享受苦難帶給生命的歷練。

羅素說：「參差多態是幸福的本原。」人生本當是千帆競發，四平八穩是醞釀怠惰的溫床，參差多態才盡顯人生壯美。

仰望高山之巔的人，從不畏懼山路崎嶇；夢想著去桃花源的人，不在乎源溪之遠近；沉淪於苦難而鬱結難紓，為命途多舛而怨天尤人，只是弱者所為。強者只會在承受中享受苦難，誓死無悔，策馬揚鞭，笑傲江湖！

本文筆力雄健，引經據典，含英咀華之際，汪洋恣肆，慷慨激昂。用例兼備古今中外，或詳或略，相映成趣，駕馭自如。名言警句點綴其間，俯拾皆是，不愧為具有「思想厚度」的妙文。

文章開篇簡練明快，開門見山，直入主題，酣暢洗練。分論引述字字珠璣，一針見血。接下來文章從命定悲劇和飛來橫禍兩種苦難著眼，結構整齊。總領句總領全段，比喻論證與舉例論證參差有致，語言明麗清新又不失力度，簡明扼要又不至乾

枯，闡述句與論述句依次排開，雖是散文化的筆調，卻給人以神聚意致的感覺。史鐵生之例的運用，鞭辟入裡，靠船下篙，實為亮點。

接著巴爾扎克與雨果之語又似醍醐灌頂，且駢句運用，氣勢如虹。談遷與卡萊爾之例，詳略得當，與史鐵生之例相得益彰，而作者又不拘泥於事例的堆砌，頗具自己見解的妙語點綴其間，使文章豐滿，行文流暢。

尾段是文章點睛之筆。排比句式倒海而來，是文章汪洋恣肆，慷慨激昂之文風的昇華，一唱三歎，妙筆生花。

季小軍

已經擁有

劉懷宇

江蘇省灌南高級中學二〇一二屆

足球是我的最愛，頭腦夠用，難免不勤奮，有時犯二，沒少被喊到辦公室。

現就讀於南京航空航太大學。

有的人，滿足於已經擁有；有的人，仍不滿於已經擁有；有的人，尚未發覺自己已經擁有。似乎這三者都是不可取的。

確實，物質世界的紛繁複雜讓所有事物都無法掩飾地體現出它們侷限的一面：在物質世界裡，滿足便是故步自封，不思進取；不滿足便是一味索取貪婪無止；尚未發覺自己所有之物，便更是辜負了它的價值。

但是，我想，精神層面上會有超脫世俗的另一番異景。

仁者，踏一木屐，拄一竹杖，幾步一歌，放歌於青山之中。人曰：「仁者樂山，仁者靜。」這不正是滿足於已經擁有的品性嗎？仁者經過體會，經過探求，沉澱出對人性最深沉的思考，在人生的長途上負手信步，聆聽道的教誨，感悟生命的真諦。先哲說：「朝聞道，夕死可矣。」這便是道的力量。當你真正對道有一定的見解，你會發現，萬物所循的自然規律，人的至真至善的品格，讓世俗紛擾變得何其渺小。擁有這種最原始卻又最透徹的體悟，放歌一生，足矣！

智者，戴一斗笠，撐一長篙，順流而下，吟誦於秀水之上。人曰：「智者樂水，智者動。」想來這智者是不滿足的。智者，在一次次的實踐中摸索，不知疲倦地追逐著他們對真理的熱忱。哪裡有真

理，哪裡就有他們孜孜不倦的身影，這便是不滿足於已經擁有的智慧。哲學上說，一切事物都是變化發展的，若是滿足已有的見解而不及時更新血液，那麼時光流轉、物是人非之後便也只能是桃花源裡一漁樵。向著真理如夸父追日般永不息止，亦是一種崇高之境界。

把目光遙放向人類的精神世界，放向歷史中偉人的身影。梭羅在瓦爾登湖思考人性，這是仁者；屈原高唱「路漫漫其修遠兮，吾將上下而求索！」這是智者。仁者智者的訓誡交相輝映，流傳繼承，才有了如今燦爛輝煌的現代文明。而這文明，也才能夠在亙古不變的人性真善美與人類永不停息的腳步中邁向未來。

當這種美好的品性深入人心，蔚然成風，直至了無痕跡、無知無覺，那不就是天下大同了嗎？

原來，滿足於已經擁有，抑或不滿足於已經擁有，甚至對已經擁有毫無知覺，也是一種至高無上的大境界。

作者認為「滿足於已經擁有，抑或不滿足於已經擁有，甚至對已經擁有毫無知覺，也是一種至高無上的大境界。」立意高深又不失新穎，體現了作者的睿智和思辨能力。內容緊扣「智者樂水，仁者樂山。智者動，仁者靜。」展開論述，對於「已經擁有」，仁者和智者表現不同，但都無不在傳遞人類崇高的精神境界，體現了作者的思想厚度。本文文筆不俗，體現了作者較為深厚的人文素養。

劉建華

品讀經典

曹新航

江蘇省海安高級中學二〇一三屆
沉默不語實則洞察周事，歲月喧囂抵不過他的寂靜思考。
現就讀於同濟大學。

　　邂逅了一部經典，張泉的《城殤：晚清民國十六城記》。

　　晚清至民國，代謝了四代人，見證了十六座城的興衰。

　　記得書中是這樣寫道：「城牆倒塌之後，起初也曾謠言迭起，漸漸就煙消雲散了，這座城市也開始變得一目了然，人們抬起頭就可以看到很遠的地方，卻又好像什麼也看不見。」讀到這裡時，不由生疑，為何？為何人們會茫然，看不真切？

　　原來，在那個時代，西潮湧入，城牆的倒塌，彷彿精神世界失卻了傳統文化的庇護，國人的心理開始發生變化，各種價值觀碰撞，好像處處有信仰，卻又好像沒有。

　　於是，書中記述的那批有識之士站起來了，他們摩拳擦掌，想要在舊城殘垣上幹出一番事業，於是書中寫道：「一個以紫禁城為中心，南海岸口國土線為半徑的大半個中國的城市化進程開始了。」

　　可是千年以來，中國人營造城市往往不是從生活的層面進行考查，而是先從權力和軍事的角度出發：是否依山傍水，是否易守難攻，是否王氣瀰漫……

　　因此，受到西方利益最大化的價值體系影響的那批年輕的理想者們，看見這廣闊城市的囂塵，似乎見到了無限利益，於是，一座

座鋼鐵之森出現了，而曾經的那些古城名城，化為了滾滾塵埃，消失了。

這才有了這部《城殤》！

如今的人，建造城市，總是傾向於除去一切舊的東西，於是多少記憶逝去，不由想起劉亮程，那個和張泉一樣用筆記錄懷念逝去記憶的人，在他的一經典之作中寫道：「把破牆垣留下吧，把朝南的門洞和窗口留下吧，最好留下一小塊泥皮，即使牆皮全部脫落光，也在不經意間，雨水沖刷不到的那個牆角下，留下巴掌大的一小塊吧！留下泥皮上的煙垢、劃痕、朽在牆裡的木和鐵釘……」因為它們都是今生今世的證據啊。

而曾經的那些城，我們除了從《城殤》中一探它們的身影，還能從哪兒找回它們存在過的證據？

在這個多數筆者放棄高度而取悅大眾的時代，張泉以一支筆，撥開塵封已久的歷史塵埃，帶來了國人對城市是否該如此建設的思考。

讀罷《城殤》，不由長歎一聲，滿腔感慨，終只化為陳寅恪的一句詩：

「讀史早知今日事，對花還憶去年人！」

品讀經典，首先選擇哪部經典尤為重要。在這個大多數人滿足於淺閱讀亦或是無時間閱讀的時代，作者能夠選擇閱讀這部《城殤》，已屬不易，而同時能夠避開悲憤激昂的怒吼、沉重華麗的哀悼，以一種平實冷靜、睿智深沉的筆觸，記述下自己對於這部經典以及當今城市化建設的思考，更屬難得。

文章一開始便被開頭的書名拽住了眼球。從書中的一段話引出，回顧了民國時期有識之士的救國之志與愛國之心。從而自

然過渡到文章的主旨：城市建設。

題材宏大深邃，視野寬廣，但文章卻並不顯得空洞，論述也並不乏力。作者巧妙的引用劉亮程《今生今世的證據》中的有關話語，結合作者對於當今社會建設過程中人們逐漸喪失城市過去的記憶，也無暇思考現在和未來的現象的思考，恰到好處的把握了歷史理性與人文關懷的一個度。而最後引用陳寅恪先生的詩句，使得文章具有了文化韻味與時代氣息，著實匠心獨具。

濮小平

突圍

時嘉姝

江蘇省如皋中學二〇一二屆
遵從內心，過得隨心，讓人省心，在成長中成熟，在成熟中成就。
現就讀於復旦大學。

錢鍾書認為，人生如圍城，城外的人想沖進去，城裡的人想沖出來。現今社會，小到個人，大到國家，「圍城」無處不在。有圍城，就會有突圍。

你對「突圍」有什麼經歷體驗或思考看法？請以「突圍」為題，寫一篇不少於八百字的文章。

要求：①立意自定；②角度自選；③不必面面俱到；④除詩歌外，文體自選。

這年頭，在很多人眼裡，專家成了「磚家」，一說為專門忽悠人的傢伙；教授成了「叫獸」。知識份子頻頻中槍，這是為什麼呢？

我想，知識份子露臉太多，走明星路線，是他們中槍的「物質基礎」；知識份子內心浮躁，離學術之城太遙遠，是其「內在原因」。因此，我認為，知識份子需要再度「突圍」，重新回到學術的「圍城」中去。

中國自古便是個學術氛圍濃厚的國家，上賢有孔孟老莊，他們「發憤忘食，樂以忘憂，不知老之將至」。那個時候，許多人都沉醉在自己的學術世界裡，似乎有那麼一點清高。而正是這份清高，使他們可立於塵世而不被遮蔽耳目，從而保持自我堅守操行，思索宇

宙探究本心。

到了近現代，隨著國門洞開，知識份子呼吸到圍牆外的新鮮空氣，歷經了五四新文化運動、延安整風、真理標準問題大討論、人性論爭鳴等，終於一次次地打通了那堵圍牆，突圍成功。毫無疑問，這樣的突圍是值得肯定的，是振奮人心的，因為他們走出了象牙之塔，衝破了種種舊思想的桎梏，擺脫了條條框框的束縛，為中國學術界別拓新宇。在這樣的突圍猛士中，李大釗、陳獨秀、魯迅、郭沫若、周揚、丁玲、胡福明、王元化等巨擘彪炳史冊。

然而，時至今日，知識份子逐漸蛻變成一個個明星。中央電視臺「百家講壇」上的王立群、易中天、閻崇年、于丹、錢文忠、酈波們頻頻露臉，戲說歷史，娛樂大眾。不少專家學者的文憑來自「克萊登大學」，故宮錦旗「捍衛」不住學術的臉面……丟物丟人又丟魂啊！丟了知識份子那「板凳要坐十年冷」的耐得寂寞之魂。

鑒於此，我認為知識份子需要拋卻心中那份浮躁，重回學術圍城，找回心中那方淨土。

是的，我同意大學就應當是永遠的象牙之塔，無形的圍牆將它與俗世隔離，使它不被名利之風吹及。如此，便會少些無聊的爭鬥、論文抄襲、文憑造假之類的下作。

是的，我同意學術界應當是一方淨土，研究是基於自己的專業追求，是為學術的學術，是普濟蒼生的善舉，是陳省身的「數學好玩」，是遠離名韁利鎖的。

是的，我認為知識份子應當有一份清高。只有擁有了清高，才能不垂涎於世人汲汲的名利；只有擁有了清高，才能以一顆沉靜的、對科學近乎虔誠的心，去探索，去發現，去創造。

我熱切期盼著知識份子的再度「突圍」，讓他們重回象牙之塔，再開遠離名韁利鎖的學術之花！

這是一篇很有厚度的佳作。

一是立意高遠。當眾多考生把「圍城」鎖定為長輩之愛，高考之困的時候，作者放眼學術界，敲打知識份子，觀照歷史，關注現實，表現出超越同儕的識見。

二是內容豐厚。本文以豐厚的內容攀升到了「發展等級」豐富的境界。博古通今，古今比照，可謂繁花簇錦，展現了作者視野之宏闊，積澱之厚重。三是說理深刻。本文敘例的文字簡練，分析的文字深刻，直攀作文的「發展等級」深刻之境。

對學術界種種敗象的燭照，對知識份子內心世界的剖析入骨三分。

時鵬壽

品

王蒙

江蘇省興化中學二〇一一屆
寫作是一種生活方式，是一種幸福的姿態。
現就讀於浙江大學。

多少年來，「品」一直是重要話題，什麼品茶、品菜、品酒，就連「品人」都有。當然，品詩更在其中。

中國新詩，初創於五四時期，經歷了民族危難的磨煉，一直在困境中艱難成長、成熟，顯示了旺盛的生命力，最終闖入壁壘森嚴的中國正統文學的殿堂。作為新詩的奠基者，中國詩壇泰斗艾青是一位不可不論及的人物。

讀艾青的詩，你會發現他的詩和他的為人是兩位一體的，他的性格直接決定了詩作的風格。

艾青的風格是非常清楚的，一般來講，他的詩氣度恢弘，詩風開朗，樸素平易之中見深邃，流暢奔騰之中見深沉，形成了自己意志縱橫、雋永豪邁的格調。用他自己的語言概括為：樸素、單純、集中、明快。

樸素，有意識地避免用華麗的辭藻來掩飾空虛。

艾青幾乎在每首詩中都體現了這一點，也許是他自身的思想觀，總能以樸素平易取勝。如〈煤的對話〉和〈北方〉中將質樸上升到一個高思想境界，這正是這種藝術風格的體現。

單純，以一個意象來表明一個感覺和觀點。

托爾斯泰說過：「我確信在人類語言中真正美麗的，只有單純

的美，這正是我素來所不知的。」但艾青知道，語言的單純，正是詩歌的要求。然而這並不是唾手可得的，這需要精挑細選，長期積累，還要經過詩人的「加工」和「轉變」，這個過程似乎有點複雜。以〈小藍花〉為例：小小的藍花/開在青色的山坡上/開在紫色的岩石上……這給人的感覺很直觀，很自然，又很美好。

集中，以全部力量去完成自己所選擇的主題。

可以說這是艾青成功的奧秘之一，用全力去思考去想像，將思想、感情盡可能地凝聚於具體可以感知的意象之中，直到藝術形象被滿意地完成為止。一首〈浪〉中，詩人強調了浪的力量，這樣更集中。

明快，不含糊其辭，不寫令人費解的思想。

這是詩人對詩的深刻理解，又是構成詩歌美的一個必不可少的要素。不錯，詩歌是講究含蓄的，但含蓄並不等同於費解。所以明快猶如晴朗的夜空，深沉而又透徹。正是這明快之中，人們感知到了博大深邃的思想，分明是渾然一體，自然流露而出。〈生命〉給予了我們這樣的啟示。

艾青的詩將上述四者集中在一起，從而創造了一種情感昇華的方式，表達了對美好的嚮往，彰顯了對真、善、美的追求。

這是一篇較為精彩的評論文章，對於艾青的詩風作了個性化的解讀與論述，充分顯露了作者的思想厚度。

此文亮點體現在對艾青詩風格的挖掘：「樸素，有意識地避免用華麗的辭藻來掩飾空虛。」、「單純，以一個意象來表明一個感覺和觀點。」、「集中，以全部力量去完成自己所選擇的主題。」、「明快，不含糊其辭，不寫令人費解的思想。」小作者將艾青風格歸結於「創造了一種情感昇華的方式」、「彰顯了

對真、善、美的追求」，不只是停留在直觀感受和印象上。文末見解的高度進一步折射出作者思想的厚度。

曹伯高

青春的生命

楊義繁

江蘇省海州高級中學二○○七屆
酷愛中國古典哲學，既崇尚孔孟的執著，也欣賞老莊的灑脫。
願像孔老夫子那樣，做一個「溫而厲，威而不猛，恭而安」的人！
現於清華大學攻讀碩士學位。

現在是二○○七年的六月二日，離高考還有五天。我的同學都在積極地備考，而我，在備考的同時，還想回顧一下我三年的高中生活。

人，只有在回首往事的時候，才發現時間是如此的匆匆。站在高三的尾巴上回望自己的高中生活，覺得這三年如同一瞬間似的被遠遠地拋在了身後，而我這些相伴苦讀的同窗好友也將很快懷著各自的理想與抱負四散離去。但三年畢竟不等同於一瞬間。這三年裡有多少歡樂與淚水，又有多少微笑與歎息！這三年的歲月風塵浸透著我們拚搏的汗水，印滿了我們奮鬥的足跡！

我們總是把大學想得很美很美，以為那裡「祥雲繚繞、花雨繽紛」，以為那裡的一切都充滿了詩情畫意，沒有煩惱，沒有憂愁，只有無邊無際的自由和歡樂。

我們的各種資料和練習總是很多很多，一本一本整齊地排列著，如森林般昂然矗立在課桌上，無情地佔據著我們的日月星辰，即使外面陽光燦爛，我們也必須在教室裡苦苦鏖戰。

我們的書包總是很沉很沉，我們的假期總是很短很短。但我們從不歎息，從不埋怨。因為我們知道：只有沉重的跋涉，才能到達光輝的頂點；一分耕耘，一分收穫；只有勞動的艱辛，才能帶來收

穫的甜美。三年來，我們都很喜歡冰心的一首小詩：

「成功的花，人們只驚羨她現時的明豔！然而當初她的芽兒，浸透了奮鬥的淚泉，灑遍了犧牲的血雨。」當然，有時收穫與付出並不成正比，不過這只是暫時的。記得剛進高中時，坐我後面的是一位學習很刻苦的女孩子，但連續幾次考試她都考得不理想。面對失敗，她毫不氣餒，依然抓緊一分一秒的時間刻苦學習。有一回我問她：「如果你奮鬥了三年，但最終的高考仍不能使你成功，你會為這三年的艱辛付出而後悔嗎？」她的回答很堅決：「不！我不會後悔。雖然努力了未必成功，但為了成功我必須努力。」接著，她頓了一頓，很沉靜地說：「我相信——天道酬勤！」高中有三年的時間。三年，在歷史的長河中不過是短短的一瞬，但對我們而言，這三年卻是一段不同尋常的人生中轉站，它在很大程度上決定了我們一生的方向。因此，我們無比珍惜這三年的時光。人生能有幾回拚搏？這三年就應當是奮力拚搏的三年，為了不辜負父母的殷切期望，為了不違背老師諄諄的教誨，也為了找到自己所想要的那一點點輝煌的感覺。只有這樣，青春的生命才會變得豐厚而不至於單薄，變得絢麗而不至於蒼白。

高考前夕，當大家都忙於迎考的時候，作者卻在總結這三年的高中生活，這種行為本身就有著濃濃的哲學意味。我想，這和作者喜愛中國的古典哲學不無關係。

作者在理性回顧的同時，也充溢著對高中生活的無限珍惜之情：「但三年畢竟不等同於一瞬間。這三年裡有多少歡樂與淚水，又有多少微笑與歎息！」引用冰心的那首小詩，正體現了作者對成功的渴望，和對艱辛付出的無怨無悔，透過字裡行間，我們彷彿能看到作者跋涉在求學之路上的堅毅身影。

更難能可貴的是，作者能跳出自己的學生身份，站在更為廣闊的時空高度來審視這段學生生活，這樣，文章就有了深度，也給讀者以更有益的啟發。

周豔

美

楊羽

徐州高級中學二〇一二屆
愛潺潺溪流帶來的感動，一如沈從文安靜的文字，汨汨流入心田。
也愛廣袤天空帶來的震撼，一如周國平深邃的思維，觸動到靈魂深處。
愛讀書愛想像愛生活。現就讀於中國人民大學。

　　曾經，在墨香氤氳的書頁間似能看到黃淮兩岸香擁翠繞，能看到落花人獨立，微雨燕雙飛，能看到抱影無眠的惆悵，不禁感慨唐詩宋詞的錦繡華美。

　　而現在，報紙的頭條充斥著吸引人眼球的八卦緋聞，甚至為了銷量不惜弄虛作假，消息聳人聽聞。談到唐詩，談到宋詞，人們寧願手捧電子書看上一天一夜，也不願品嘗三杯兩盞淡酒中那離人的眼淚。

　　我們眼中曾經的美成為了落伍，成為了索然無味，成為了無病呻吟。

　　我們眼中曾經的美比不上「小瀋陽」臺上的一分鐘，比不上各種各樣的模仿秀，比不上一條明星的八卦緋聞。

　　我們眼中曾經的美被丟在何處，我們現在追求的美又是什麼？它不再是內心的一種感受，一份寧靜，一份恬淡，而漸漸成為了人們攀比炫耀的工具。

　　在時間的洗滌下，美逐漸商業化。長城壯麗的美，圓明園殘缺的美，周莊婉約的美，麗江純樸的美令人神往，但一張張昂貴的門票將人拒之門外。為了證明自己曾「欣賞」過美，人們按下快門，將美永久保存。可是殊不知，在經濟高速發展的今天，美已經商業

化，我們內心沒有真實的震撼與感動，有的只是一張張照片帶來的滿足感。

在世俗的渲染下，美逐漸金錢化。簞食瓢飲卻逍遙自在不再是美，「採菊東籬下，悠然見南山」不再是美，獨居在瓦爾登湖畔自給自足亦不再是美。美的身上穿上了厚重的黃金甲，打上了金錢的烙印，充斥著名利的味道，它已經漸漸成為豪宅、香車、排場的代名詞，已經漸漸成為人們拿來炫耀的工具。一襲布衣在穿金戴銀身邊漸漸卑微地抬不起頭，簡單樸實在流行時尚面前也已自慚形穢。美，演化到最後，竟不及一遝鈔票的分量。

在人情世故中，美逐漸隨意化。它不再是發自內心的稱讚，不再是從靈魂深處流淌出的熱愛，它僅僅是隨口的一句敷衍或是口是心非的奉承，這樣的美，說得如此輕巧容易，卻叫人害怕。

我們不缺少美，我們也不缺少發現美的眼睛，但那些發現美的眼睛被黃金的光灼傷了！我們無能為力嗎？不，我們還有能夠感受真正美的心靈。

在商業化、物質化、娛樂化的美日益氾濫的今天，我寧願撐一把油紙傘在黃河古道上漫步，在夜幕來臨時將月沙拉近眼簾，且溫一壺月下酒，聽一曲水調歌頭。

> 這是一個日漸浮誇的時代，經濟的快速發展造成人們娛樂化、物質化的病態心理。娛樂化、物質化的美是這個物欲橫流的時代的產物。這種美的氾濫如通貨膨脹中的人民幣——貶值了。成了遊戲，成了形式，被無限扭曲和變形。
>
> 一個高中的孩子能清醒地看到這一點，並對此進行了犀利的批判，實屬不易。
>
> 本人特別讚賞楊羽同學文中的一個觀點：美已經不再是內心的

一種感受，一份寧靜，一份恬淡，而漸漸成為了人們攀比炫耀的工具。是的，美不再是一種獨立的存在，而是依附於各種目的。

文章的語言特別有力量，甚至說「振聾發聵」也不為過。比如那句：美，演化到最後，竟不及一遝鈔票的分量。但結尾似乎沒有了前文的那種想要「濟天下」的魄力，只剩下了「獨善其身」的無奈，透露出一種無力感。

錢駿

筆尖上的成長　A0900005

筆尖上的成長：名師帶你讀作文　卷一　上冊

主　　編　李震
責任編輯　蔡雅如

發 行 人　陳滿銘
總 經 理　梁錦興
總 編 輯　陳滿銘
副總編輯　張晏瑞
編 輯 所　萬卷樓圖書股份有限公司
排　　版　菩薩蠻數位文化有限公司
印　　刷　維中科技有限公司
封面設計　菩薩蠻數位文化有限公司

出　　版　昌明文化有限公司
桃園市龜山區中原街 32 號
電話 (02)23216565
發　　行　萬卷樓圖書股份有限公司
臺北市羅斯福路二段 41 號 6 樓之 3
電話 (02)23216565
傳真 (02)23218698
電郵 SERVICE@WANJUAN.COM.TW
大陸經銷
廈門外圖臺灣書店有限公司
　　電郵 JKB188@188.COM
ISBN 978-986-94911-6-7
2019 年 9 月初版二刷
2017 年 5 月初版一刷
定價：新臺幣 320 元

如何購買本書：
1. 劃撥購書，請透過以下郵政劃撥帳號：
　帳號：15624015
　戶名：萬卷樓圖書股份有限公司
2. 轉帳購書，請透過以下帳戶
　合作金庫銀行　古亭分行
　戶名：萬卷樓圖書股份有限公司
　帳號：0877717092596
3. 網路購書，請透過萬卷樓網站
　網址 WWW.WANJUAN.COM.TW
大量購書，請直接聯繫我們，將有專人為您
服務。客服：(02)23216565 分機 610

如有缺頁、破損或裝訂錯誤，請寄回更換
版權所有·翻印必究
Copyright©2017 by WanJuanLou Books CO., Ltd.
All Right Reserved　　　　Printed in Taiwan

國家圖書館出版品預行編目資料

筆尖上的成長：名師帶你讀作文. 卷一 / 李
震主編. -- 初版. -- 桃園市：昌明文化出版；
臺北市：萬卷樓發行, 2017.05
　　冊；　公分
ISBN 978-986-94911-6-7(上冊：平裝). --
1.漢語教學 2.作文 3.中等教育
524.313　　　　　　　　　106008393

本著作物經廈門墨客知識產權代理有限公司代理，由華文出版社有限公司授權萬卷樓
圖書股份有限公司出版、發行中文繁體字版版權。